L'ESPAGNE

SOUS

FERDINAND VII

PAR

le Marquis de Custine.

TOME QUATRIÈME.

PARIS.

LADVOCAT,

PLACE DU PALAIS-ROYAL.

M DCCC XXXVIII.

L'ESPAGNE

SOUS

FERDINAND VII.

TOME QUATRIÈME.

« Mon but n'a pas été de préconiser telle forme de gouvernement
» en général ; car je suis du nombre de ceux qui croient qu'il n'y
» a presque jamais de bonté absolue dans les lois. »

De la Démocratie en Amérique, par ALEXIS DE TOCQUEVILLE. *Introduction*, p. 22.

PARIS. — IMPRIMERIE ET FONDERIE DE FAIN,
Rue Racine, 4, place de l'Odéon.

L'ESPAGNE

SOUS

FERDINAND VII,

PAR

LE MARQUIS DE CUSTINE.

TOME QUATRIÈME.

A PARIS,
CHEZ LADVOCAT, LIBRAIRE
DU PRINCE ROYAL,
PLACE DU PALAIS-ROYAL.

M DCCC XXXVIII.

LETTRE L.

SOMMAIRE.

Population de Gibraltar. — De quoi elle se compose. — Ses relations avec les brigands d'Espagne. — Le vieux patron de la felouque d'Algesiras. — Nos précautions pour entreprendre le voyage de Ronda. — La protection que nous accorde le fils de cet homme et de leurs amis. — Départ de Saint-Roch. — Le domestique espagnol. — Défense de porter des armes. — Cette mesure ne nuit qu'aux honnêtes gens; les brigands n'ont que faire de permission. — Description des sites des environs de Saint-Roch. — Rosée du matin. — Vue de la baie d'Algesiras. — Adieu au rocher de Calpe. — Forêt de liéges. — Monastère des moines de la Merci. — Il apparaît de loin dans un des ravins de la forêt. — Solitude de cette abbaye. — Pensées que son aspect inspire au voyageur. — Illusions pieuses. — Elles n'auraient peut-être pas résisté à un examen sévère. — Ce monastère est le but ordinaire de la promenade des officiers anglais. — Description du pays qu'on traverse au delà de cette forêt. — Solitude sans beauté. — Ce que nous avons trouvé à la venta, où nous fûmes forcés de faire halte. — Misère des habitants; leur méchanceté, leurs maladies. — Leurs *collaborateurs* présentés sous le titre d'ouvriers. — Un de nos gens malade. — Soins qu'exige son état. — Entrée de deux ouvriers qui nous semblent suspects. — Leur portrait. — Nos doutes sur le parti que nous avons à prendre. — Nous nous remettons en route. — Souvenir de la Calabre. — Brusque changement d'aspect à la venta de Caraca. — Montagne de Gaucin. — Sa nature fantastique. — Rencontre intéressante et romantique. — Cortége qui rappelle don Quixotte. — Costume des personnages du convoi. — Anes caparaçonnés. — Description de Gaucin. — Danses et chants. — Auberge. — Départ matinal. — Chemin de Ronda. — Villages suspendus aux parois des rochers. — Le chemin passe à une portée de fusil au-dessus des villes. — L'œil du voyageur plonge dans les rues des lieux qu'il ne traverse point. — Querelle entre les muletiers et les habitants. — Les chevaux andaloux sont plus civilisés que les hommes. — Eventails des muletiers. — Politesse cérémonieuse des Espagnols. — Première vue de Ronda. — L'entaille (el taxo). — Pont singulier. — Prodigieux accident de la nature. — Précipice de 300 pieds et cascade de 80 au milieu de la ville. — Vue de la campagne. — Tivoli de l'Andalousie. — Encore le pont de Ronda. — Course du taureau par la ville. — Arrivée dans l'hôtellerie. — Scène de désordre. — Toujours Cervantes. — Promenade du soir. — Les enfants jouent au taureau. — La ville assiégée par les brigands. — Le voyageur en échec. — Renfort de miliciens. — Jose Maria campé sur la route. — La police traite avec les brigands. — Nouvelle description de Ronda. — Constructions étonnantes. — Mine à exploiter pour les artistes. — La cherté du voyage les arrête. — Caractère des Andaloux. — Plaisanterie du prince de Ligne. — Ce qui suffit à la conversation en tout pays. — Le fond de la conversation espagnole.

A MISS BOWLES.

Ronda, ce 20 juin 1831.

LA population de Gibraltar se recrute des mauvais sujets de tous les pays contigus à la Méditerranée : de l'Espagne, de la Barbarie, de l'Égypte, de Malte, de l'Italie, des îles Baléares. Ce ramassis de gens sans aveu, sans patrie, sans famille, est un camp de brigands en permanence, mais à l'abri d'une forteresse occupée par le peuple le plus civilisé du monde. Ces mauvais sujets profitent de l'hospitalité anglaise pour entretenir des relations continuelles avec les bandits de la terre et avec ceux de la mer ; ils désignent au loin les voyageurs qui leur paraissent une bonne prise ; enfin, un étranger ne peut se défier assez des habitants de Gibraltar pendant le séjour qu'il fait dans cette ville; les officiers de la garnison m'avaient recommandé de ne dire à personne, et surtout point au maître de l'auberge dans laquelle je logeais, le jour de mon départ, ni la route que je voulais suivre, ni les moyens de sûreté auxquels je comptais recourir.

Le vieux patron de la felouque qui nous avait amenés d'Algesiras à Gibraltar m'inspirait de la confiance par son air de hardiesse, et en même temps de probité, enfin par la noblesse de sa physionomie. A notre premier débarquement, nous avions pris le nom de cet homme; nous chargeâmes notre banquier d'écrire à un correspondant d'Algesiras pour avoir des renseignements sur Miguel Gomez : c'est ainsi qu'il s'appelle; on répondit qu'il était un vrai patriarche, qu'il passait pour un des habitants les plus respectables de la ville, que sa famille, et toutes les personnes avec lesquelles il avait des liaisons, étaient irréprochables.

Décidés par ce témoignage, nous envoyâmes *dans le plus grand secret* un exprès à Miguel, pour lui faire demander s'il entreprendrait de nous guider et de nous procurer une escorte d'hommes sûrs pour nous accompagner jusqu'à Malaga par le chemin de Ronda : je tenais à voir cette dernière ville, d'un accès si difficile, d'une renommée si poétique, et je voulais traverser les montagnes qui rendent cette partie du pays aussi curieuse que pénible à parcourir.

Miguel répondit qu'il était trop vieux pour entreprendre une course fatigante et périlleuse, mais qu'il m'enverrait son fils à Saint-Roch, avec quatre autres hommes sûrs et bien montés : il se chargerait aussi de nous procurer de bons chevaux pour nous et des mulets de suite.

Dès notre départ pour Tanger, ces gens, connus pour leur discrétion, leur courage et leur probité, avaient été avertis de se tenir prêts à nous escorter au retour : revenus à Gibraltar, nous leur envoyâmes le *même messager dont nous nous étions servis la première fois*, afin de ne pas multiplier les chances de trahison : cet homme leur porta nos derniers ordres avec le même mystère, et ils n'arrivèrent à Saint-Roch, qu'une heure avant le moment fixé pour notre départ : grâce à ces précautions, leur séjour dans la ville ne fut pas assez long pour exciter beaucoup l'attention. Nous partîmes avec eux, vers cinq heures du matin, après être convenus de les nourrir, eux et leurs bêtes, et de leur donner à chacun la valeur de deux louis d'or si nous arrivions sans accident en quatre jours à Malaga : voyage d'environ quarante lieues. Telles sont les facilités que l'état actuel de la civilisation dans l'Andalousie procure aux curieux.

Comme je viens de vous le dire, notre escorte consiste en cinq hommes d'Algesiras armés jusqu'aux dents : mon compagnon de voyage, moi, et nos trois domestiques, nous sommes armés de même : c'est avec une troupe ainsi composée que nous avons entrepris avant-hier le périlleux et intéressant voyage de Ronda, d'où je vous écris ceci. Le soleil se levait si glorieux, si triomphant, qu'il ne permettait aucune inquiétude et promettait toutes sortes de succès.

Entre nos domestiques il s'en trouve un qui est Espagnol, on nous l'a particulièrement recommandé à Madrid. Cet homme, né en Galice, est très-honnête, mais lourd, paresseux, et d'une inutilité qui devient proverbiale parmi nous. Il sait six mots de français, les voici : « D'abord, il n'y en a pas ; » c'est ce qu'il me répond à propos de tout. Il s'appelle Domingo, mais nous l'appelons Sancho Pança. Il est gros, il est gourmand, fainéant, bonhomme d'ailleurs, et son égoïsme, qu'il met à l'abri de son bon sens, a quelque chose de pittoresque qui nous désarme toujours : c'est le vrai type de l'Espagnol homme du peuple.

J'oubliais de vous faire remarquer que, malgré le peu de sûreté des routes dans cette partie de l'Espagne, rien n'est plus difficile au voyageur pacifique que d'obtenir de la police la permission de porter un fusil. Grâce à cette maladroite sévérité de l'autorité, les brigands seuls sont armés, et les honnêtes gens n'ont pour garantie que les soins d'une administration ordinairement vendue aux voleurs, ou absorbée par la poursuite des délits politiques.

La rosée matinale étendait ses réseaux de diamants sur les branches des liéges, espèce de chênes noueux, aux formes pittoresques, aux feuilles sonores, persistantes, petites, dures, hérissées et piquantes. La nuit fuyait devant un soleil triomphant; les voiles humides de l'aurore tapissaient comme des tissus d'argent la pente des coteaux, et séchaient étendus sur les rameaux des lauriers-roses, dont les fleurs, derniers ornements des halliers déjà brûlés à demi, survivent à l'adieu du printemps qui nous quitte demain : nous sommes au 20 juin.

Hors ces arbustes encore verds, toute la nature a déjà revêtu les tristes livrées de l'été; je ne vois que teintes jaunes, sales, cendrées, brûlées; partout la poussière et la paille morte ont remplacé la végétation, les marais eux-mêmes sont sans fraîcheur, leur vase se change en poudre, les plantes odoriférantes n'ont plus de parfums, l'été le plus rigoureux commence, cette chaleur détruit l'éclat du désert, et ne laisse à la terre que cendre, poussière et plantes flétries; c'est un déluge de feu! Fuyez, fuyez l'Andalousie, et ne vous laissez pas entraîner imprudemment comme moi à voyager vers cette époque de l'année dans ces contrées désolées du soleil. On ne doit parcourir le midi de l'Espagne que pendant les mois d'octobre et de novembre, ou d'avril et de mai. Si l'on veut y vivre dans les autres saisons il faut rester en place.

Les points de vue dont on joui sur la baie d'Algesiras, en quittant Saint-Roch, sont d'une magnificence incomparable; que m'importe la désolation, la nudité des champs? un ciel d'azur, profond et libre comme la pensée, une mer de cristal, et des monts dont les couleurs ressemblent aux veines des plus beaux marbres, ne suffiraient-ils pas pour me dédommager des agréments ordinaires de la nature? Ici rien n'est champêtre, tout est sublime!

L'aspect de la petite ville de Saint-Roch, vue du haut des côtes brûlées qui l'environnent, est frappant; mais il n'est pas aisé de dire pourquoi on l'admire encore après tout ce qu'on a vu. Le pays, semé de quelques maisons blanches, coupé de chemins jaunes, de haies grises, descend nu et brillant jusqu'à la langue de sable qui réunit Gibraltar à l'Espagne; plus loin le monstrueux rocher de Calpe s'élève sur cette plage imperceptible, tant elle est basse; il confond l'imagination, et force les regards de se fixer sur lui. C'est un effet magnétique, on est fasciné, c'est grand à tomber à genoux. Je voudrais vous peindre pour la dernière fois la forme et l'élévation de ce rocher. Je me croyais devant une vague de la mer du déluge que Dieu tient en réserve suspendue dans le ciel au-dessus de la terre; ce point de vue est toujours le plus extraordinaire du pays, et je crois de tous les pays; à chaque fois que ce site m'apparaît, je m'écrie de nouveau : C'est un paysage de la Bible! il y manque un prophète, un Moïse, un Michel-Ange!

Là j'ai dit adieu à Calpe! vous voilà donc délivrée de mes admirations.

Nous avons traversé pendant deux lieues des clairières de forêts de liéges; ces arbres sont arides, malgré leur feuillage; si l'on était à l'Opéra, on les prendrait pour les premiers plans d'une décoration. A gauche du chemin, au fond d'un vallon bien pittoresque, parce que de loin les liéges qui l'ombragent ressemblent à de beaux arbres, on découvre à travers les bois le faîte d'un couvent de moines de la Merci; admirable retraite pour des âmes qui sauraient profiter de la solitude! Mais, hélas! l'ombre du cloître ne plaît qu'aux cœurs purs, qu'aux esprits affranchis; or, quiconque s'est élevé au-dessus des transes de la vanité, et possède une raison assez ferme, maîtresse assez absolue des sens et d'elle-même pour vivre là sans regret, n'a plus besoin d'y rester.

La pratique de la règle religieuse a toujours eu pour mon imagination le charme de l'impossible; c'est l'objet d'un désir mêlé de crainte, d'un regret vague, mais constant. C'est comme la jeunesse quand elle est passée; comme l'amour quand il est perdu!! Je ne saurais vous peindre le sentiment de douleur respectueuse avec lequel je me suis approché, puis éloigné de ces murs, dont l'apparition dans le désert me retraçait la vive image de la perfection chrétienne : image de vertus surnaturelles que j'ai peur de pratiquer, tout en regrettant de ne les pouvoir atteindre..... Combien les contradictions du cœur sont inexplicables!... Je rougis d'être faible, et je craindrais d'être fort comme ces solitaires dont j'envie pourtant la foi et le courage! La mobilité me perd, la persévérance m'épouvante.

Il est heureux pour moi que la longueur de la course que nous venions d'entreprendre m'ait empêché de m'arrêter devant ce monument pieux ; si j'étais entré là, j'aurais vu quels hommes habitent l'asile de la pénitence, et je serais parti avec des illusions de moins ; cette seule pensée est déjà une peine assez grande : qu'aurait été pour moi la confirmation de mes doutes ? Misère partout : impuissance, infidélité, naufrage... Le monde rit de tout cela, le monde n'est qu'inconstance au dedans, mensonge au dehors..... Mais l'âme est créée pour quelque chose de mieux ! et tout ce qui la retient ici bas est sa perte.... On a beau dire que le monde a été fait par l'homme et pour lui : c'est un banquet où le poison se mêle au vin.

Ce monastère de la Merci avec sa forêt de lièges séculaires, dont les plus belles parties restaient à notre gauche un peu éloignées du chemin qui nous conduisait vers Ronda, sont un but de promenade pour les officiers anglais prisonniers à Gibraltar, singuliers pèlerins à loger chez des cénobites ! Plusieurs de ces messieurs m'avaient proposé de faire cette course avec eux pendant mon séjour dans leur garnison. Quand j'ai vu les lieux, je me suis félicité d'avoir refusé, il ne faut pas faire ce pieux voyage avec des marins, des mathématiciens, des *dandys* en uniforme, des industriels, des whig et des tories, des anglicans, des méthodistes.... Il faut ici être simple catholique et même poëte si l'on peut.

Plus on avance au delà du couvent de la forêt, plus le pays devient triste, d'une tristesse privée de beauté. Jamais solitude ne fut plus dépouillée de grandeur et de charme : c'est la vieillesse sans dignité. On y sent l'incurie des populations plus que leur absence. Ce sont des champs, mais des champs mal cultivés ; des chemins, mais dégradés ; des plantations négligées, des arbres à fruit non taillés, et dont les produits se perdent faute d'être récoltés, des maisons habitées et pourtant tombant en ruines. Voilà ce que j'ai rencontré pendant cinq mortelles lieues d'Espagne, ce qui équivaut à huit des nôtres. Au bout de cette pénible course, nous sommes arrivés à une venta plus dévastée que les campagnes d'alentour. Depuis deux heures que le soleil d'Afrique nous dévorait, nous aspirions à rencontrer cet asile, et qu'avons-nous trouvé dans un séjour si longtemps promis à notre malaise comme un lieu de rafraîchissement et de repos?.... La gale; rien de moins, rien de plus.... excepté la mort cachée derrière la maladie, la misère et la famine, pour épier sa victime.

Cette hôtellerie ne renfermait plus même un pot

d'eau fraîche ; la veille au soir, *les contrebandiers*, ce qui dans le langage poli des *ventas* veut dire les voleurs, avaient passé par-là, et emporté de ce pauvre ménage le seul vase qui pût contenir un liquide.

Piller une telle maison, cela fait pitié, pitié même pour les voleurs!......

Je pensais que le récit qu'on nous faisait était une défaite; nos hôtes me paraissaient plus capables d'être pillards que pillés.

La partie ostensible de la famille qui nous faisait, avec si peu d'aménité, les honneurs du lieu, se composait de deux femmes : la mère et la fille, et d'un jeune garçon de onze ans.

La mère était repoussante, tant par l'expression morale de ses traits que par leur laideur; la fille paraissait tout aussi méchante, mais elle n'était pas encore aussi affreuse, quoiqu'elle fût affligée du même mal : elle l'avait aux mains, non pas au visage, comme la vieille. Le petit garçon avait déjà une physionomie sinistre; quand on pense à ce qu'est la destinée humaine pour cette famille, on frémit. Je vois bien l'expiation, mais je cherche le coupable.

On nous dit que le père était absent pour le moment. A l'air de l'habitation, à la figure des habitants, il fut aisé de deviner le motif de ce voyage.

Le brave homme escortait *les contrebandiers* de la nuit précédente.

Une fois entrés dans le repaire, l'escorte, les muletiers et nous, nous fûmes tous d'avis qu'il fallait attendre la fin de la plus grande chaleur du jour, et partir vers quatre heures pour faire ces deux lieues d'Espagne, c'est-à-dire les trois et demie de France qui nous séparaient de Gaucin, ville où nous devions passer la nuit.

Notre caravane présentait un aspect assez imposant pour nous préserver de l'attaque des brigands domestiques, ou des *rateros*, voleurs d'occasion; mais contre la troupe organisée nous ne pouvions songer à nous défendre. L'exemple tout récent du maire de Tarifa fait la terreur des muletiers et des voyageurs. Cette influence poétique est plus amusante à raconter qu'à subir; pourtant le mouvement du corps en voyage dissipe les inquiétudes de l'esprit: les seules heures pénibles sont celles qu'on passe à se reposer.

Notre domestique français, qui malgré nos avis ne peut se soumettre à la sobriété nécessaire pour subsister dans ce climat, fut pris de la fièvre à la *Venta*. Les maladies sont le fléau de ce genre de voyage. A leur suite viennent les pressentiments funestes, puis les remords; car nous nous reprochons une curiosité, un goût qui exposent la vie des autres et notre propre vie. Si le plaisir était toujours masqué en devoir, ce monde deviendrait le paradis ; au lieu de cela nos prédicateurs nous disent que c'est le devoir qui est un plaisir ; la différence est grande : c'est justement celle du ciel à la terre.

Nous avions quelques provisions ; nous ramassâmes des broussailles au moyen desquelles nous parvînmes à faire, pour notre malade, une boisson rafraîchissante et tiède, car il tremblait la fièvre. Puis nous essayâmes de dormir en plein air, après avoir pris un bouillon préparé par madame Chevet qui, dans cet instant, ne se doutait guère du lieu où les merveilles de son art étaient le mieux appréciées *.

Nous étions presque assoupis sous un figuier au feuillage épais, à l'odeur balsamique, lorsque nous vîmes entrer dans la maison deux hommes de la figure la plus suspecte. Ils déposèrent deux carabines derrière la porte, non sans avoir attentivement examiné les batteries de ces armes ; et, tenant chacun une faucille à leur main, ils s'assirent en attendant qu'on servît leur soupe. Leur habillement était cer-

* Les tablettes de bouillon sont une ressource dans les voyages difficiles.

posé d'une mauvaise chemise en lambeaux, recouverte presque entièrement par des bouts de manche et des culottes de peau de chèvre non tannée. Ces hommes avaient des figures sombres, des traits durs; leur teint était hâve, leurs yeux hagards; tout leur visage était sillonné de rides indicatrices de passions terribles; leurs cheveux se confondaient avec leur barbe; l'ensemble de leur personne annonçait le désordre le plus dégoûtant et le plus effrayant, car il était moral et physique; leur taille, bien proportionnée, était énorme; ils paraissaient tous deux d'une force plus qu'ordinaire. Ils jetèrent sur nous des regards scrutateurs, mangèrent et partirent. L'apparition de ces soi-disants moissonneurs, plus guerriers qu'ouvriers, nous parut d'assez mauvais augure.

A quatre heures nous fûmes forcés de mettre notre malade à cheval: il tremblait encore de froid, malgré la chaleur qui était toujours extrême. Nous ne savions quel mal avait cet homme; mais comme la journée de la veille avait été bonne, et qu'aujourd'hui il était de nouveau malade, nous pensions que c'était une fièvre tierce; cette qualification n'est pas si rassurante qu'elle pourra vous le paraître, car dans les contrées marécageuses les fièvres intermittentes deviennent souvent pernicieuses et dès lors mortelles au troisième accès. Nous nous acheminâmes vers Gaucin, aux pas pressés de nos excellents et admirables chevaux andaloux. C'est sans doute pour ces nobles animaux qu'a été fait le nom de coursier : on ne devrait jamais leur en appliquer d'autre.

La chaleur me fatiguait toujours beaucoup, et les sites que nous apercevions ne me dédommageaient pas encore de ma peine. Je retrouvais les vilaines parties de la Calabre. Nous avancions comme dans le midi du royaume de Naples, en suivant un torrent dont le lit presque desséché nous servait de grande route. Nous fûmes obligés de traverser peut-être cinquante fois le mince courant resté à ce fleuve d'hiver, dont l'eau maintenant suffit, non pour nous désaltérer, car elle est tiède, mais pour nous mouiller les pieds, et retarder notre marche. Enfin, après deux heures d'efforts silencieux, nous arrivâmes à la Venta de Caraca. Ici tout change de face, on est à la frontière du royaume de Grenade, pays de féerie, de guerre, de roman, le Cachemire de l'Espagne, où l'imagination du voyageur le devance depuis son enfance, où la nature et les hommes sembleraient nous manquer de parole, si nous les retrouvions tels qu'ils sont ailleurs. Dans ce premier moment du moins mon attente ne fut pas trompée. J'aperçus là de quoi me surprendre.

La Venta de Caraca est dans une forêt d'orangers, arrosée des plus belles eaux; ces innombrables petites cascades découlent d'une montagne prodigieuse, et serpentent dans un bois élégant et parfumé; un bois d'orangers, c'est tout dire. Ce bois touche au pied de la montagne de Gaucin, montagne à pic et vraiment romantique. On met une heure et demie à la gravir. Le sentier le plus pittoresque et le plus hardi conduit le piéton et le cavalier sur cette muraille naturelle, à travers de merveilleux bosquets suspendus, on ne sait comment, à la paroi des rochers : ces beaux arbres, vivifiés par des arrosements intelligents, prouvent jusqu'où l'art de l'irrigation était parvenu chez les Arabes; les Espagnols ont hérité des Maures le talent de fertiliser les sommets les plus arides : c'est ce qu'il y a de plus merveilleux dans ce pays des merveilles. Moyennant l'art des arrosements factices, la fraîcheur monte avec l'eau dans des plantations délicieuses jusqu'au sommet de la montagne; celle-ci finit en ville. Vous êtes à Gaucin : c'est-à-dire au faîte d'une pyramide d'orangers, de figuiers, de grenadiers, liés entre eux par des festons de pampres, dont les formes un peu artificielles, l'éclat et les parfums presque surnaturels ne dépareraient pas la plus belle partie des jardins d'Armide, peinte par le Tasse dans ses meilleurs jours, et traduite par l'Albane dans son plus beau temps. C'est un enchantement!

En gravissant ce sentier, nous apercevions des paysages extraordinaires : nature toute fantastique : à travers des portiques de verdure nous découvrions, sous des aspects toujours nouveaux, la hideuse plaine que nous venions de traverser, c'était comme une épreuve de franc-maçonnerie, ou plutôt comme une allégorie antique. Cette corvée, heureusement terminée, me rappelait les pénitences qu'on subissait autrefois avant de pénétrer dans le sanctuaire des temples. Nos yeux se réjouissaient de comparer le pays où nous nous trouvions, avec celui dont l'aspect nous avait attristés tout le jour, et le souvenir de l'ennui et des obstacles vaincus rendait le plaisir plus vif.

Nous fûmes rencontrés là par un joyeux cortége de femmes de différents âges et d'enfants, accompagnés d'hommes armés et marchant en nombre imposant. Ils descendaient la montagne, où nous les avions vus serpenter de loin sur nos têtes : car cette montagne était, comme je vous l'ai dit, une muraille d'une lieue et demie de haut et taillée à pic, en forme de pyramide verdoyante. La procession se composait au moins de trente personnes, sans compter les gens de pied : la singularité de ces physionomies, moitié graves, moitié bouffonnes, nous divertissait beaucoup.

La solennité grotesque est un des traits caractéristiques de la figure et du langage des vieux Espagnols : c'est ce que vous apercevez dans don Quixotte : souvent les Espagnols modernes perdent la solennité et conservent le grotesque.

Nous nous rangeâmes sous un roc dont la forme me rappelait celle d'une vague dans le ressac, et nous regardâmes passer la cavalcade romantique. Nous fûmes dédommagés du retard par le plaisir de voir défiler tant de figures singulières. C'étaient des habitants de Gaucin, nous dit-on, qui s'en allaient se réjouir à la Venta de Caraca, espèce d'amusement très-hardi, et qu'on ne se permet guère dans la partie de l'Espagne que nous traversons maintenant. Les campagnes n'y sont ordinairement fréquentées que par les brigands et leurs victimes : les voyageurs. Les Andaloux, à plus forte raison les Andalouses, ne se hasardent hors des villes que par nécessité ; les promeneurs qui s'éloignent des murs sont une rareté dans un pays aussi barbare.

Nous remerciâmes notre étoile de cette rencontre imprévue. Encore un chapitre de don Quixotte, m'écriai-je!..

Les femmes, assises de coté sur des ânes caparaçonnés à la vieille mode, étaient enfoncées dans d'énormes oreillers: l'espèce de bât qui servait de siége à ces cavalières inexpérimentées avait la forme d'un X double; cet équipage contribuait à donner aux personnes, ainsi qu'à la nature, l'air de pompe ridicule que je viens de vous signaler. J'oubliais de vous dire que le front de la bête était orné de panachés de toutes couleurs; le harnais, qui peut-être n'avait pas servi depuis maintes et maintes années, était garni de grelots, de clochettes et de glands bariolés. Les mulets, qui portaient les femmes, marchaient d'un pas plus doux et plus lent, comme pour éviter toute fatigue à la craintive Amazone: ainsi l'intelligente précaution de l'animal dénotait la prévoyance et la galanterie de l'homme qui l'avait dressé. Je n'ai rien vu de plus pittoresque ni de plus amusant; bêtes et gens me rappelaient les scènes les plus gracieuses des poëtes, et le paysage, embelli par les personnes, les embellissait à son tour : accord digne d'un véritable artiste!! Enfin nous avons fait là une de ces rencontres rares, qui ne mènent à rien le voyageur, et pourtant qu'il ne peut oublier, ou, pour mieux dire, une de ces rencontres dont il se souvient d'autant plus longtemps qu'elles ne l'ont mené à rien. Que d'événements importants en apparence m'ont fait moins d'impression que cette scène muette, et dont l'unique résultat sera un souvenir ineffaçable; c'est l'ébauche d'un beau tableau, le canevas d'une scène de roman, et ce peu de traits s'est pour jamais gravé dans ma pensée!!... Qui sait s'il ne m'a point passé là sous les yeux une personne qui pourrait décider de mon existence? Ce n'est pas que j'en aie remarqué une, mais je l'ai pressentie : ce qu'il y a de bien sûr, c'est qu'il régnait parmi cette société, composée de femmes et d'hommes d'âges divers, un accord de sentiment, un air de gaieté qui se communiquait. Je me sentis rafraîchi, reposé par le seul passage de ce cortége doucement joyeux, et dont les groupes ressemblaient à la composition d'un peintre de bonne humeur, plus qu'à un accident de la vie réelle. Grâce à ma superstition de voyageur, cette spirituelle vision me parut promettre une heureuse entrée à Gaucin.

La position de ce lieu est vraiment pittoresque et extraordinaire : une montagne presque inaccessible porte sur sa cime une ville riante, populeuse, et dont les rues sont plus propres et plus soignées que celles de bien des endroits moins inconnus. Ce pays a quelque rapport avec la Calabre ; mais ici l'œuvre de l'homme est moins apparente qu'en Italie, où l'effet de l'architecture domine celui de la nature ; là des constructions imposantes prêtent leur caractère à des sites étonnants, mais ce sont des sites que l'intelligence humaine semble avoir pris plaisir à métamorphoser ; la terre est arrangée pour répondre aux besoins, aux croyances de l'homme, elle est pour ainsi dire refaite par lui ; ici les paysages sont moins beaux sans doute, mais plus primitifs ; c'est une différence analogue à celle qu'on peut se figurer entre le Tasse et Milton.

Je n'oublierai jamais la position de Gaucin : d'un côté des précipices fabuleux, des bosquets magiques, accrochés par la main des fées au flanc d'une montagne à pic ; de l'autre une contrée montueuse, mais qui n'a rien de frappant, c'est le commencement d'un plateau moitié stérile, moitié cultivé, et la ville, suspendue entre ces deux pays à l'extrémité du plateau, est posée là comme au bord d'une table immense, d'où elle ne peut manquer de tomber au premier coup de tonnerre. Des rochers aux teintes chaudes donnent à tout ce pays une apparence de stérilité démentie par une foule de sources qui jaillissent de dessous les murs naturels, et tombent d'étages en étages, pour former de tous côtés des ruisseaux vivifiants. Cette eau, divisée avec un art particulier, entretient à de grandes hauteurs une fraîcheur inattendue, et perpétue la végétation du figuier odorant, de la vigne, du figuier d'Inde ou cactus, et des milliers de plantes qui trouvent dans les refends humides de la montagne un asile contre les ardeurs de la canicule. Cette population végétale puise dans les ondes artificielles dont elle est alimentée une fraîcheur constante qui paraît un prodige dans ce pays brûlé. Ces monts ainsi cultivés, ces sommets arrosés qui dominent le désert, restent là comme de superbes et immenses vases de marbre où séjourne l'onde surnaturelle suspendue au-dessus de la plaine desséchée. Ce sont des oasis aériens, des îles célestes dont il me semble qu'on ne peut aborder les rivages qu'en ballon; le ciel est leur océan. Venez-y, et vous direz avec moi, malgré vos fatigues: C'est bien curieux, c'est bien beau; surtout c'est bien extraordinaire!

Dans cette ville fabuleuse, dans cette île des génies, on s'amuse comme les hommes s'amusent, et peut-être plus que partout ailleurs. C'était dimanche [illegible]es sons de la mandoline, de la guitare, attiraient mon attention; quand le bruit des castagnettes se mêlait à ces mélodies; je restais à ma place et comme fixé là par magie ; j'espérais la danse, et jamais mon attente n'était trompée ; toujours quelques jeunes filles coquettes, comme toute femme, bien plus, comme toute Andalouse, entr'ouvrait un volet : alors mes regards pénétraient dans une salle, où des groupes joyeux exécutaient les pantomimes les plus gracieuses. C'étaient des boleros : rien de si véritablement gai, de si galant (passez-moi le mot, tant que vous n'aurez pas été m'en chercher un de meilleur goût dans le pays même), rien de si galant que ces scènes nationales, rien qui fasse plus l'illusion du bonheur. Je me disais, en rentrant dans mon galetas : En fait de choses nécessaires, les Andaloux n'ont que le superflu, et certes c'est beaucoup. Ils ont deviné le spirituel mot du tyran littéraire du dix-huitième siècle.

Nous avons trouvé dans ce paradis de l'imagination un gîte détestable : on appelle cela une *posada.* Ce sont les quatre murs, et puis rien..... rien, entendez-vous?.... quatre murs sans lit pour dormir, sans pain pour manger : on est en Turquie, en Syrie !.... Il faut apporter dans la posada tout ce qu'on veut avoir pour se nourrir et se coucher. On peut acheter des vivres dans la ville, mais on n'y peut trouver un matelas. Il était trop tard pour aller aux provisions, surtout un dimanche. Nous mourions de faim et de fatigue. Après trois heures d'attente muette, nous obtînmes quelques paillasses : j'en donnai une aussitôt à notre malade, qui tremblait toujours, tant le frisson de son accès de fièvre se prolongeait. Le pauvre homme fut obligé de se coucher sans se déshabiller, car il nous fut impossible d'obtenir des draps; plus tard on nous apporta des œufs, du lait de chèvre et du pain.

Le lendemain, avant le jour, nous étions à cheval sur le chemin de Ronda. Le malade avait dormi, transpiré; il pouvait continuer sa route. Le sentier qui serpente dans les flancs des montagnes devient toujours plus hardi à mesure qu'on approche de ce séjour fabuleux, de ce nid de phénix, de ce Ronda, dont la position et l'aspect méritent la peine qu'il faut prendre, pour y arriver, à travers le pays le plus sauvage de l'Andalousie. Quelquefois le chemin que nous suivions s'élève au-dessus de toutes les autres parties de la contrée. De ces points culminants on aperçoit de nouveau dans un lointain immense la mer, Algesiras, Saint-Roch, l'Afrique, avec la pointe de Ceuta, et l'inévitable rocher de Gibraltar, le plus grand accident de la nature dans l'une des parties de la terre la plus hérissée de montagnes, et qui conserve le plus de traces des crises auxquelles le Créateur a soumis notre planète. Nous étions à douze ou quinze lieues de ces objets, et leur apparition soudaine me faisait l'effet des pressentiments qu'on croit parfois avoir eus en rêve.

Le chemin parvient à des hauteurs d'où l'œil plonge sur plusieurs villes et villages si singulièrement ajoutés aux rochers qui les portent, que les maisons semblent faire partie du sol, et qu'on prend ces habitations humaines pour un accident du précipice : de tels sites sont assurément fort extraordinaires, et ils deviennent agréables à cause de l'enchantement des eaux qui les arrosent comme par une volonté surnaturelle, et qui donnent un éclatant vernis à la végétation.

Nous suivions des corniches où les chevaux ne trouvaient souvent que la place de leur pied. Quand ces passages scabreux sont suspendus à quelque centaine de toises au-dessus d'un village, les hôtes de ces tannières humaines sortent dans les rues pour injurier de bien loin les voyageurs qu'ils voient passer au-dessus de leur tête; les muletiers n'ont garde de ne pas répondre aux rugissements des grossiers villageois; quelquefois le colloque s'échauffe au point qu'on arme les fusils, et que les hommes se couchent en joue d'un étage de la montagne à l'autre. Cependant l'étranger, étonné de tout ce qu'il entend, étourdi de ce qu'il voit, continue sa route en se félicitant d'être venu chercher au bout de l'Europe, et chez un peuple chrétien, un pays plus sauvage, plus pittoresque que l'Afrique. Ce trajet serait aussi dangereux qu'effrayant avec des bêtes ordinaires; mais le cheval andaloux a toutes les qualités du cheval arabe, moins les inconvénients. Il est agile, adroit, nerveux; il n'est point fougueux, et se laisse mener avec une docilité qui n'ôte rien à son intelligence : la grâce de ses mouvements et la douceur de son caractère font qu'au bout d'un jour de route le cavalier se sent attaché à sa bête, comme un ami à son ami. Les femmes, même les plus craintives, s'abandonnent à l'adresse, à la souplesse de ces animaux, et leur confient sans hésiter leur vie et la vie de leurs enfants : les chevaux sont ici plus civilisés que les hommes : il semble que la race des animaux appartienne à un meilleur temps, et que celle des cavaliers soit dégénérée.

Assurément j'ai vu hier beaucoup de rustres qui ne sont pas dignes de mener leurs bêtes. Je ne sais combien de temps ils en seront encore capables.

Nous avons été retardés par un homme de notre escorte, dont le cheval s'est déferré; il a fallu que cet homme quittât notre chemin et conduisît sa monture par un demi-sentier jusqu'à un village perdu dans un ressaut du roc, à une demi-lieue au-dessous de nous perpendiculairement. On a l'air fou quand on dépeint ce pays comme il est. La ligne horizontale y manque à presque tous les paysages..... Il faut bien que le langage se ressente de cet entassement des objets les uns sur les autres. Lorsque la route ne mène pas dans les villages, elle passe, non à côté, mais au-dessus ou au-dessous.

Malgré le danger de s'arrêter, nous attendîmes le retour de notre jeune compagnon ; plus tard l'excessive chaleur du jour nous a forcés de nous reposer encore au village d'Alagata, dans la maison d'une pauvre femme, dont le fils, âgé de quinze ans, avait plusieurs livres latins qu'il lisait couramment..... Nous sommes arrivés à Ronda vers le soir.

La dernière partie du chemin qui conduit à cette ville passe au travers de défilés brûlants et pierreux, ce sont les côtés d'un four dont la voûte se serait effondrée. La nature, entièrement dépouillée de terre et de plantes, est réduite aux accidents de la pierre ; les ruisseaux tarissants sont muets, tandis que les cigales vous échauffent les oreilles, et que d'énormes sauterelles, guimbardes des champs, vous assourdissent de leur bourdonnement sauvage, assez semblable à la musique des

Maures. A chaque pas, des lézards aux armures damassées, vous éblouissent de leurs couleurs changeantes et de leurs broderies métalliques ; vous êtes étouffé de chaud, dévoré de soif, haletant ; vous ne pouvez plus former qu'un désir, celui d'arriver.

Pendant cette marche pénible mes muletiers, sauvages comme leur pays, se rafraîchissaient pourtant le visage avec de fort jolis éventails verts. Je vous le répète, les Espagnols n'ont que le superflu ; c'est beaucoup, souvent c'est tout. A la vérité les gens qui me conduisent cette fois ne sont pas grossiers comme de vrais muletiers, ce sont des hommes choisis : en général la population d'Algesiras est élégante, et les jeunes gens qu'on m'a recommandés sont triés parmi les familles les plus honnêtes du pays. Mais ils n'en sont pas moins des gens du peuple, et ils ont des éventails verts. Voilà ce que je voulais vous faire savoir. Ce meuble recherché convient du reste à des hommes cérémonieux, et qui ne peuvent se dire deux phrases sans que le mot *señor* leur revienne trois fois à la bouche, à des hommes qui s'adressent la parole entre eux à la troisième personne, avec cette tournure particulière à l'étiquette du langage espagnol, qui sous-entend *votre grace* à chaque mot. Une sorte de décorum, participant à la fois de la pompe chevaleresque, royale et religieuse, préside à l'existence des Espagnols, les rapproche des Orientaux et les distingue des autres Européens. On retrouve des traces de cette dignité un peu affectée dans toutes les classes de la société et dans toutes les parties du royaume que j'ai visitées; mais, plus que partout ailleurs, parmi les Andaloux. Ce peuple est le plus léger, le moins sincère, le moins généreux peut-être, mais le plus théâtral des Espagnols. Il joue la gravité à merveille, il est naturellement élégant, et il paraît distingué, comme ailleurs on a l'air commun: malgré soi.

La première vue de Ronda est étourdissante. Cette ville est bâtie sur deux plateaux, séparés l'un de l'autre par une profonde déchirure de la montagne, espèce de fente qu'on ne peut appeler vallon, car sa largeur est à peine de vingt pieds même dans la partie supérieure, et l'intérieur de cette fente est un creux à plusieurs étages d'enfoncements, un précipice bordé de gradins qui forment corniches au-dessus du dernier fond où coule le torrent. Ce courant roule ses eaux à plusieurs centaines de pieds au-dessous de la ville, tant l'entaille de la roche est profonde! Cette coupure donne lieu aux accidents les plus extraordinaires de la nature, ainsi qu'à de grands effets d'architecture: il a fallu bien du travail pour loger des hommes dans cette patrie des aigles;

vous pensiez rencontrer là des oiseaux de proie, des bêtes féroces; vous y trouvez un peuple gai, beau, léger, voluptueux, vous croyez être au pouvoir d'une fée.

Les deux côtés de ces précipices habités (je voudrais pouvoir vous les rendre visibles) sont réunis par un pont fort court, puisque les deux parois de rochers se touchent presque; mais ce pont est le plus haut que j'aie jamais vu. On a le vertige en le traversant, il domine, dit-on, de plus de trois cents pieds le fond de l'abîme, qu'on appelle *el taxo*, l'entaille, et sert de communication aux deux principales rues de la ville qui, grâce à lui, n'en font plus qu'une. On le passe en voiture. La rivière qui coule sous ce pont n'en est pas moins très-éloignée de la ville, tant l'abime qu'elle roule est profond; cette eau furieuse est reléguée dans le creux des mêmes rocs, dont les cimes supportent les plus belles maisons de Ronda. Cette rivière perdue gronde, et se précipite, de rochers en rochers, à travers d'éternelles ténèbres, jusqu'à son arrivée sous le pont d'où elle sort pour tomber encore d'un second étage naturel dans un dernier précipice. C'est un gouffre de quatre-vingts pieds à pic, ouvert sous la base même du pont. De là l'eau écumante et toujours plus fatiguée, descend encore toute brisée, de chute en chute, jusqu'à la plaine qui s'ouvre à quelque distance comme une autre terre promise. Elle arrive là battue, blanche; ce n'est plus de l'eau, ce sont des nuées de poussière, des torrents de perles et de diamants colorés qui se sont réunis pour refaire une rivière paisible. Le pont couronne ces sites étonnants; il est formé de deux arches étroites, extrêmement hautes et placées non à côté l'une de l'autre, mais l'une sur l'autre, car les murs en maçonnerie qui forment les côtés de la voûte supérieure seraient trop élevés pour se soutenir contre une seule arcade : voilà pourquoi on a fait une seconde arche sous la première. Je n'ai rien eu de plus pressé que de descendre, non sans peine et sans fatigue, à quatre-vingts pieds au-dessous des fondements de ce pont miraculeux. De là ses arches apparaissent comme deux portes : la porte du ciel et la porte de l'enfer. La plus basse donne passage au torrent qui paraît conduit dans cet abîme, on ne sait d'où, pour l'ornement d'un jardin de géants et de démons. Cet ensemble est grand et beau comme un rêve de Milton. C'est la guerre de la nature et de l'homme. C'est à la fois un symbole et un tableau sublime.

Vus du haut du pont, les hommes et les arbres qui sont au-dessous de la grande cascade disparaissent, tant ils sont devenus petits. De là l'œil suit les ressauts des rochers qui vont s'abaissant jusque dans la plaine, où la nature et l'homme retrouvent l'équilibre et la paix. Là recommence l'œuvre tranquille du Créateur, et l'on oublie la révolte des éléments représentée par les accidents de la montagne : terribles fantaisies d'une imagination en délire.

Dans les parties les plus sauvages du précipice, grâce à la distance, à l'obscurité du fond, les ravins sont comblés de plantes inaperçues, d'arbres dont on ne peut distinguer les formes ni les couleurs, et toutes les parties de ces draperies végétales se fondent dans une teinte de vert foncé, où l'œil devine plus qu'il ne reconnaît les objets. C'est une tapisserie mouvante, brodée de feuillage et de fleurs. Figurez-vous la variété des effets de lumière aux diverses heures du jour, sous un soleil d'Afrique qui se joue librement au-dessus des sites que je viens de vous esquisser.

Si vous parvenez à vous représenter cette combinaison des accidents de la nature et des efforts de l'art au beau milieu d'une ville dont vous ignoriez le nom hier, vous me porterez envie. C'est ce qui a fait de Ronda un des lieux les plus singuliers de l'Espagne et de l'Europe, quoiqu'il ne soit guère connu.

Ronda est le Tivoli de l'Andalousie, c'est moins beau, mais plus étonnant, plus sauvage. On voit qu'Horace et Mécène n'ont point passé par-là, que la capitale de deux mondes : de l'antique et du moderne, n'est pas dans le voisinage, mais on retrouve les ombres d'Annibal, des deux Rodrigue et de Calderon, errantes à l'entrée de quelque caverne terrible. Plusieurs de ces grottes sont revêtues de morceaux de marbre de différentes espèces. Mais cette richesse est cachée sous des lichens couleur de cinabre, de soufre et de cuivre. On ne peut reconnaître ces mosaïques naturelles qu'à la lueur d'un fallot. Au fond de ces âpres retraites, on admire peu, on frissonne. Mais quand une fois on s'est laissé bien pénétrer de la terreur poétique qu'inspire la nature dans des lieux si extraordinaires, on ne peut plus oublier ce qu'on y a senti, et ce souvenir tient de la passion. Je verrai toute ma vie Ronda, son pont jeté entre le ciel et l'enfer, ses eaux engouffrées, ses monts de bistre et d'ocre, ses hommes brûlés comme ses pierres; ce souvenir fantastique sera le songe de mes veilles.....

N'oubliez pas qu'au simple plaisir des yeux se joint ici une jouissance d'imagination qui double le prix de chaque chose : au moindre objet que vous découvrez, vous vous dites : Non-seulement c'est beau, mais c'est inconnu : ainsi, quoique vous vous trouviez au milieu d'un pays à peu près civilisé, vous éprouvez toutes les émotions réservées aux voyageurs qui font des découvertes, et vous oubliez que vous n'êtes qu'à trois cents lieues de la terre de France.

Le pont de Ronda n'existe que depuis une soixantaine d'années. Avant qu'on eût bâti cette merveille de l'art moderne en Espagne, la ville était coupée en deux, on pouvait se parler d'un côté à l'autre ; mais il fallait une demi-heure pour se joindre.

Ce séjour des sylphes et des ondins est un des plus gais de l'Espagne. On n'y fait que danser, chanter, rire, jouer de la guitare. Il semble qu'on n'y vive qu'afin d'oublier ce qui s'appelle ailleurs la vie. Quelle découverte pour des gens dégoûtés du monde ! Ce n'est plus la terre, c'est une autre nature, une autre manière d'apprécier le temps, un autre mode d'existence ; les hommes que je vois ici ont été métamorphosés comme le sol par les bouleversements du globe ; les théories politiques trouveraient peu d'adeptes parmi des esprits aussi absorbés que ceux-ci par le simple bonheur de vivre.

La seule innovation qu'ait vue Ronda jusqu'à ce jour, c'est l'apparition de quelques fracs et de quelques chapeaux français sur la place publique. Ils sont en bien petit nombre; les tailleurs et les marchandes de mode ont peur des précipices. Dieu veuille qu'ils ne se hasardent pas de longtemps chez les heureux habitants de ces montagnes! Partout où je vois arriver nos modes, je dis adieu à la poésie.

En attendant ce triste progrès, les voyageurs ennuyés doivent crier victoire ici, car tout y est nouveau, et l'on ne s'ennuie que faute de nouveauté. Les esprits profonds comparent toujours : à force de comparer, ils trouvent que tout se ressemble dans le fond et dans la forme. Telle est la source de l'ennui qui dévore les hommes supérieurs; ne m'accusez point de vanité ridicule et mal cachée, je ne fais en ce moment nul retour sur moi-même, car je ne m'ennuie jamais que du fait des autres. A dire la vérité, je ne connais que la gêne, et je ne sais ce que c'est que l'ennui.

Les divertissements des habitants de Ronda ne peuvent ressembler aux plaisirs des autres peuples. Au moment où nous traversions la ville, en nous dirigeant vers l'auberge, le muletier, qui conduisait le bagage et marchait selon mes ordres à la tête de notre petit cortége, s'arrête tout à coup, retourne son cheval, le met au galop, et prend la fuite en me passant presque sur le corps; chemin faisant il me disait de le suivre, et criait : Le taureau, le taureau !!.... Cet homme avait aperçu un taureau dans la rue par laquelle nous allions passer, et toute la ville était en rumeur pour voir courir le terrible animal. Dans sa frayeur, notre muletier n'avait pas remarqué la corde à laquelle le monstre était attaché. Plusieurs personnes tenaient cette corde et la tiraient, quand le taureau se lançait trop vite ou trop loin. Moyennant cette précaution, la promenade de Ronda est moins dangereuse que celle de Tarifa, que je vous ai déjà décrite. Après un long détour nous étions parvenus à peu de distance de l'auberge, lorsqu'en tournant un dernier coin de rue, nous entendons, du milieu d'un groupe de femmes, sortir de nouveau le cri : Le taureau !!.. le taureau !!.. En même temps des soldats, des hommes, des enfants se sauvent à toutes jambes dans la même direction que nous. Le mouvement général nous entraîne ; pressé par le flot, nous mettons chevaux et mules au galop, et nous ne nous arrêtons que sous la porte de l'auberge, où nous nous précipitons pêle-mêle, trébuchant sur les chevaux, nous culbutant sur les gens, sautant à terre, et criant à l'envi les uns des autres sans savoir ce que nous faisions. Encore une scène de Don Quixotte !!... La cour de l'auberge ressemblait à une forteresse prise d'assaut, si ce n'est que les assiégeants avaient plus peur que les assiégés. J'appelais un Michel Cervantes de toute ma force ; à chaque pas qu'il fait en Espagne, le voyageur invoque le romancier pour peindre ce qu'il voit. Une simple narration, une description, quelqu'exacte qu'on la fasse, ne donnera jamais l'idée d'un pays dont la vie est toute dans les passions, et n'est pas dans les calculs.

Un peu honteux de cette terreur panique, je n'eus rien de plus pressé, pour prendre ma revanche, que de courir à mon tour après le taureau dont on venait de nous faire peur. Il n'était pas venu jusqu'à nous ; et quand je voulus le rejoindre, le jour était fini, la nuit s'approchait. Ronda rentrait dans ce silence mystérieux, qui est l'état naturel des villes d'Espagne, villes d'espions, villes d'amoureux, de prêtres et de jaloux. Les inquisiteurs étaient les jaloux du ciel.

En parcourant alors (c'était hier au soir) cette ville singulière, je rencontrais de place en place des enfants qui jouaient au taureau. Ils attachaient une corde au cou du plus fort d'entre eux, et le chassaient aux cris de *El toro! El toro!* Cependant j'apercevais à travers les massifs barreaux des fenêtres quelques groupes de femmes coiffées de leurs hauts peignes d'écaille, qui ressemblent aux dentelles de pierre des édifices mauresques, et couronnées de fleurs naturelles. Ces gracieuses figures étaient placées sur mon passage comme pour l'ornement et le parfum des rues. Ronda est notée pour la beauté de sa population; presque toutes les jeunes personnes que je rencontre sont jolies; elles ne manquent jamais de se détourner avec affectation pour être sûres qu'on les remarque.

Un voyage à Ronda suffirait pour donner une idée avantageuse de l'Espagne. L'Andalousie est le pays le plus amusant de l'Europe et peut-être du monde pour le voir en passant. J'ignore ce qu'on penserait de Ronda après un séjour un peu long; mais pour peu de temps, c'est le paradis des curieux.

N'oubliez pas néanmoins que depuis deux fois vingt-quatre heures que nous y vivons de surprise en surprise, j'éprouve le sentiment d'une bête fauve prise au piége. Il est impossible de savoir comment nous sortirons de ce lieu enchanté. On nous conseille la précaution que nous employons toujours; mais pourra-t-elle suffire? c'est ce que je vous dirai plus tard. Elle consiste à nous sauver sans avertir personne de notre départ, et sans dire la route que nous prendrons. Le fils du patron de la barque d'Algesiras, qui est notre chef, est d'avis de joindre à notre escorte quatre miliciens, qu'il ira demander secrètement au commandant de la ville. Toujours du mystère.... Mais ces *braves* seront les premiers à lâcher le pied à la moindre apparence de danger. Qui sait même s'ils n'aideront pas l'ennemi à nous attaquer? Les précautions dans ce voyage me paraissent, comme les drogues en médecine: les signes indicatifs de la gravité du mal plutôt que les remèdes.

Le chef des brigands du Midi, Josè-Maria, vient d'établir son quartier général à deux lieues de Ronda. Sa troupe est précisément campée à cheval sur la route que nous suivrons, parce qu'il n'y en a pas d'autre d'ici à Malaga. De cette espèce de bivouac, le brave menace tout le pays et même la ville, qui tremble à l'idée d'un tel voisinage.

La police a souvent reçu des avis qui l'ont mise sur les traces de ce Protée des voleurs : mais, au moment d'être pris, il s'échappe en payant quelques mille francs aux alguazils et à leurs chefs, qui le poursuivent tout juste assez vivement pour le forcer de leur acheter son salut. Ainsi les brigands, qui sont les plus braves gens du pays, rançonnent les voyageurs; les magistrats, qui sont la pire espèce de bandits, rançonnent les brigands. Les pauvres paysans, qui voient passer les voleurs de toutes sortes, rient comme à la comédie, et tout vit de rapine et de sarcasme, état social plus dramatique que satisfaisant. La comédie de Beaumarchais sur le grand chemin : telle est la vie des champs en Espagne, ou, pour parler plus juste, en Andalousie.

Le même jour, à 9 heures du soir.

Encore une promenade autour de ce séjour des merveilles! Je crains de n'en avoir pas dit assez : on marche d'enchantements en enchantements : les rocs qui soutiennent et environnent la ville sont d'une brèche très-variée et très-molle : cette matière prend les formes les plus pittoresques, et elle est favorable à la végétation. C'est elle qui prépare des tentures de fleurs aux précipices; je ne me lasse pas d'admirer ces tapisseries. Les plus frappantes des plantes qui les composent sont toujours les nopals et les aloès, les lauriers-roses et les rhododendrons. Mais ce sont surtout les lianes qui parent les rochers. Il y a sous l'Alameda, promenade publique de Ronda, des arcs-boutants naturels d'un effet surprenant, ce sont des morceaux de rocs séparés de la masse principale qu'ils rejoignent plus haut, en formant des voûtes légères; c'est de l'architecture gothique en grand. Rien de plus pittoresque que les points de vue produits par ces accidents naturels de la montagne : tout fait tableau dans cette ville ignorée, et qui est une mine à exploiter pour la peinture : des portes, des remparts, de vieilles tours mauresques, et à chaque pas des côtes coupées en murailles, des abîmes à pic : je vous le répète, c'est merveilleux, c'est à s'écrier : Mon Dieu, que vous êtes grand dans l'homme et dans la nature !

La cherté et la difficulté du voyage contribueront longtemps encore à fermer aux artistes modernes l'entrée de leur paradis qui est ici, car la nature espagnole est plus en harmonie que l'italienne avec le style moderne. Grâce aux précautions nécessaires, ou du moins aux précautions que les gens les plus raisonnables, les mieux instruits, m'avaient recommandées comme indispensables, ce voyage de quarante lieues, de Gibraltar à Malaga, me coûtera 500 francs; et notre bagage n'équivaut pas à la charge complète d'un mulet. La barbarie espagnole rançonne les voyageurs plus que la civilisation raffinée de l'Angleterre. Nous avons à payer ici pour toutes les fautes du gouvernement, et pour tous les vices de ses employés. Le mémoire est long !

Il faut convenir qu'on est bien dédommagé

de ses frais et de sa peine. Figurez-vous le plaisir de rencontrer, pour animer les sites que je viens de vous esquisser, un peuple gai, gouailleur, libre et causeur, sans malice. La conversation se fait ici par gestes et par mines; les paroles sont la moindre partie du discours des Espagnols. Ces figures, si belles et si mobiles, parlent la langue universelle, qu'on apprend ici avant celle du pays.

A chaque instant je me rappelle la plaisanterie du prince de Ligne, qui prétendait que, pour parcourir le monde sans encombre, il suffisait d'avoir le degré d'intelligence nécessaire afin d'appliquer convenablement ces deux mots : *C'est bien sûr, et c'est bien dur!* Si quelqu'un émet une opinion, dites : C'est bien sûr; si l'on se plaint, dites : C'est bien dur; avec cela vous serez bien vu partout. Je joins à ce conseil judicieux une recette plus particulièrement applicable à l'Espagne. Aux hommes il faut dire : *Mucho valor, los Españuoles tienen mucho valor!* Les Espagnols sont très-braves. Ce compliment n'est juste que moyennant certaines restrictions, car le brigandage tue le vrai courage. Aux femmes : *Mui bonita; las Españuelas son mui bonitas.* Les Espagnoles sont très-jolies. Avec ces deux phrases vous pourrez soutenir la conversation pendant tout un voyage en Espagne!

LETTRE LI.

SOMMAIRE.

Diverses classes de brigands.—Les vrais brigands ont leur honneur particulier qui préside à leur association. — Leur caractère. — Leurs lois.—Leurs usages.—Il y a de nobles voleurs.—Sympathie qu'ils excitent.—Ils remplacent les mauvais livres dans l'Espagne actuelle. — José Maria, chef de brigands. — Son portrait.— Nous traversons le pays qu'il occupe. — Conditions nécessaires pour obtenir le grade de commandant des voleurs de race pure.— Ruse de José Maria un jour de foire de Ronda. — Sa hardiesse. — Nouvelle définition du Ratero, brigand inférieur. — Le métayer brigand. — Malheur récemment arrivé au courrier de Ronda à Malaga. — Appareil militaire ajouté aux amusements du voyage. — Rencontre de convois dans la montagne. — Vue des montagnes de Borgo à l'heure du crépuscule. — Description de la route. — Plaisir de parcourir un pays qui n'est ni tout à fait sauvage, ni entièrement civilisé. — Différence des Alpes et des montagnes d'Espagne. — Intérieur du ménage de l'aubergiste. — Définitions des diverses espèces d'auberges espagnoles. — La fonda — La posada. — La meson. — La venta. — Le vin sent la peau de bouc. — Forme des outres. — Elles ressemblent à des spectres. — Distinctions à faire entre les venta des grandes routes et celles des chemins détournés. — Départ de Ronda. — Halte au Borgo. — La nuit que nous y passons. — Différence qu'il y a entre les mœurs des Suisses ou des Italiens, et celles des Espagnols. — Les premiers font tout pour l'étranger, ceux-ci pour l'indigène. — Visite dans la chambre du maître de l'auberge. — Ma présence et ma curiosité lui déplaisent singulièrement. — Avant le point du jour nous quittons furtivement cette maison suspecte. — Retard au milieu d'un défilé dangereux. — Accident qui nous arrête. — Le saignement de nez prolongé. — Paysans voleurs. — Bivouac de ces ouvriers brigands. — Une crainte fait oublier l'autre. — Réflexions philosophiques sur ce phénomène moral. — Le Puerto. — Descente vers Casarabonela. — Sûreté des chevaux andaloux. — Description de la montagne enchantée. — Manière d'arroser les rochers et de distribuer l'eau. — Science héritée des Maures. Toute une contrée qui ressemble à une fontaine en rocaille. — — Aspect fantastique du pays. — Pyramide de verdure. — Énormes gradins naturels. — Végétation. — Le travail de l'homme visible à travers les productions de la nature. — Caractère de l'architecture imprimé aux montagnes. — Résignation des Espagnols. — L'eau et le feu sont les principaux liens des hommes de ces contrées. — Instinct des guides pour découvrir l'eau. — La marchande d'eau dans un désert. — Venta de Carmona. — D'autres disent Cartama. — Description de cette venta. — On y manque de tout absolument. — Réponses négatives de la servante. — La Bohémienne malade. — Son portrait. — Son langage. — Sa maladie. — L'hôte caché. — Soupçons des muletiers. — Le calessino de l'hôte. — On me le refuse. — Nouveau saignement de nez. — La Bohémienne nous poursuit. — Les imprécations. — Entrée de Malaga. — Description des rues de cette ville poétique. — Une dame avec son cortége. — Peuple qui vit d'amour. — Deux races d'hommes diverses. — Mérite du cheval andaloux. — Son adresse dans les précipices. — Le cheval plus sûr que l'homme. — Impossibilité d'amener de ces chevaux en France.

A MISS BOWLES.

Malaga, ce 23 juin 1831.

Je vous ai souvent parlé de l'état de brigand et des diverses nuances qui divisent les hommes qui l'exercent : je veux commencer aujourd'hui par distinguer clairement une fois pour toutes, les deux classes principales de ces industriels rétrogrades. Nulle part cette population anti-sociale n'est aussi puissante qu'en Espagne ; nulle part elle n'a plus perfectionné son redoutable métier, qui n'est autre chose que la guerre à tous les métiers réputés honnêtes. Il règne tout juste assez d'ordre en ce pays pour qu'on y remarque encore le désordre.

Vous savez que nous comptons deux classes de voleurs de grandschemins. Les ladrones ou brigands par excellence, et les rateros, voleurs isolés. Occupons-nous d'abord de l'espèce la plus distinguée.

Les ladrones sont des hommes associés, disciplinés, et qui s'engagent à ne faire toute leur vie que détrousser les passants sur les routes.

Ils sont courageux, polis, respectueux; ils ne dévalisent un voyageur qu'à la troisième personne. Ils sont soumis à une discipline sévère; s'ils la transgressent, ils perdent ce qu'ils appellent l'*honneur*, et cette perte est ressentie par eux, comme tout homme délicat ressentirait parmi nous une atteinte portée à sa réputation dans le monde. Ces brigands en veulent surtout à l'argent et aux armes. On compose avec eux pour la rançon des bagages, dont ils cèdent au moins une partie aux voyageurs qui savent la manière de leur parler, et qui ont le bon ton des grands chemins.

Ces voleurs distingués, voleurs enrôlés comme des soldats, ne marchent que par troupes: ils n'attaquent qu'à coup sûr, et ne tuent que ceux qui se défendent; ils ne savent guère ce que c'est que d'aller à pied, et quant à leur chef, il marche toujours à cheval, c'est d'étiquette. Leur vie entière n'est qu'un apprentissage savant et hardi du métier de partisan; suppôts de la société du désordre, mais de la sincérité, ils s'insurgent ouvertement contre la société de l'ordre, r[illegible]s de l'hypocrisie; telle est du moins leur manière de voir le monde et de se juger eux-mêmes; ces hommes, rebelles à la civilisation des nations qui s'appellent policées, vivent sous un chef qu'ils nomment entre eux leur maître légitime, et qui les commande plus arbitrairement qu'aucun souverain ne gouverne ses sujets. Ils remplissent scrupuleusement leur rôle de *nobles voleurs*, au milieu de l'état qu'ils attaquent, mais dont ils rebâtiraient l'édifice sur d'autres principes peut-être, quoiqu'avec les mêmes abus, s'ils parvenaient à renverser l'ordre de choses établi; car ils sont aussi sociables, bien que moins pacifiques, que les honnêtes gens auxquels ils font la guerre; ce sont des sectaires, des hérétiques en politique, mais ils ne sont ni incapables, ni indignes de vivre dans une société organisée. Le brigandage est dans le sang de ce peuple de *Figaro* (je parle des Andaloux), et la différence des brigands aux citoyens, c'est que les premiers sont des Figaro qui se protégent eux-mêmes, tandis que les autres sont des Figaro désarmés, c'est-à-dire assez bêtes pour compter sur la protection de l'état.

La horde des voleurs répand l'épouvante dans les contrées qu'elle exploite; mais leur audace, leur génie aventureux, inventif, plaît aux femmes, même les plus effrayées; d'ailleurs il faut le dire, la corruption de l'ordre de choses contre lequel ils luttent, les sauve du mépris public. Quand on les prend on les pend, catastrophe qui n'arrive jamais sans réveiller dans les cœurs quelque sympathie pour le criminel, et sans nuire au respect dû à la justice du chef suprême de l'état.

L'existence du brigandage en Espagne équivaut, ce me semble, à la publication des écrits scandaleux ailleurs. Les voleurs sont des livres vivants qui protestent par leurs actes contre les abus de la société; tandis que chez nous les révolutionnaires combattent par leurs écrits et leurs discours, les vices de l'ordre établi; selon les circonstances politiques, les pauvres malfaiteurs sont des brigands et des guerriers couverts de gloire. Peut-on encore faire beaucoup de cas de ce fantôme appelé gloire humaine, quand on voit combien il faut peu de chose pour que le partisan patriote devienne un bandit, et le bandit un illustre défenseur de la patrie? O profondeur de la vanité! chaque siècle t'augmente, aucun ne te mesure!!

Le premier de ces livres armés, le chef de ces héros manqués qui flagellent aujourd'hui l'Espagne, est Josè Maria, véritable roi de l'Andalousie, le roi de fait. N'êtes-vous pas émerveillée des richesses romantiques qu'on trouve à chaque pas en parcourant ce pauvre pays? Josè Maria est un homme petit, replet, aux cheveux noirs, au teint rougeot, d'une activité et d'une audace sans pareilles, et qui, du point de vue où l'a placé le sort, considère les dignités du monde avec autant de mépris que la vie; philosophe pratique, il soutient son système par le poignard; il y en a parmi ceux de chez nous qui se contentent du poison. Ce portrait est fait d'aprè. plusieurs rapports que j'ai lieu de croire exacts.

Nous venons de traverser le théâtre actuel des exploits de cet homme; heureusement nous ne l'avons pas rencontré. Un *de ses amis*, qui est aussi en relation avec le chef de notre caravane, nous avait avertis, *moyennant quelques cents francs*, de la marche du brigand, et nous avons passé sans accident par le lieu même où il était campé la veille. Il attend ses victimes à certains points élevés de la route; de là ses regards s'étendent au loin, ce qui lui donne le temps de proportionner ses forces à celles que peuvent lui opposer les voyageurs les mieux accompagnés. S'il lui faut cinquante combattants, il peut les réunir en un moment, car il a par tout le pays des affiliés unis à lui *sous serment*. Voilà le vrai, le grand chef de brigands, le voleur de race pure : espèce d'hommes fort rare, même en Espagne. Pour parvenir à ce grade, il faut, passez-moi le paradoxe apparent, il faut une sorte de dignité morale, une supériorité d'âme généralement reconnue, et en outre des circonstances favorables. Il faut du prestige, et en même temps de la bonne foi, car il faut inspirer une estime terrible, une sorte d'intérêt et de crainte mêlés de respect : et tout cela, il faut savoir l'inspirer même à ses ennemis! on peut, vous le voyez, exercer noblement le métier le plus décrié, c'est peut-être mal, mais cela est. La distinction du caractère, unie à celle de l'esprit, est un don si rare, que, quelqu'indignement employé qu'il soit, il place un homme très-haut dans l'esprit de la foule. Il y a peu d'individus capables d'arriver à ce poste.

Je suis loin de prétendre que tout ceci devrait être; mais je ne suis peut-être pas assez révolté de ce que cela est. J'ai trop lu lord Byron.

On raconte de Josè Maria des traits d'une hardiesse extraordinaire. En voici un qui prouve qu'il ne serait pas toujours aussi impossible qu'on le dit de se défendre de ses attaques, si la terreur de son nom ne le servait pas encore mieux que sa troupe.

Un jour de foire à Ronda, il a volé cent deux personnes, *lui seul*, accompagné pour la forme de deux de ses gens. Il s'était embusqué dans un défilé redouté; d'abord quelques voyageurs viennent à passer; Josè Maria se présente à eux hardiment: on le reconnaît, ce qui veut dire qu'on ne songe même pas à lui résister. Il taxe le convoi auquel il n'accorde passage qu'après avoir reçu la somme exigée. Il ne manque pas de dire que sa troupe est retirée derrière un rocher voisin; de temps en temps ses deux hommes montrent leurs carabines, comme par maladresse, au-dessus des diverses pointes du roc. Les voyageurs tremblants payent le droit de passage, et s'éloignent en remerciant la Vierge de la modération du brigand tout-puissant qui leur épargn une perte considérable.

Telle est la comédie qu'il a jouée ce même jour à cent deux personnes; puis il s'est vanté de sa ruse dans tout le pays: car le brigandage a sa gloriole comme tout autre art.

La seconde sorte de voleurs sert à donner du relief à la première; les vrais brigands s'enorgueillissent du mépris qu'inspirent ceux qui ne volent qu'en amateurs, espèce de bandits de rencontre, moins imposants, mais plus redoutables que les voleurs enrégimentés. Leur classe se compose des gens qui dévalisent les voyageurs par occasion, mais qui font encore autre chose que le métier de brigands, et, par conséquent, font mal tout ce qu'ils font. On les appelle *rateros*. Cette affiliation se subdivise en beaucoup d'espèces de mauvais sujets sans principes et sans *honneur*.

Le mot de *ratero* signifie un coupe-jarret, un vaurien, un bandit, un bas filou; les hommes de cette classe sont les seuls contre lesquels un voyageur prudent puisse essayer de se défendre. On ne saurait assez se défier d'eux, d'autant plus qu'on a moins de moyens pour les discerner des paysans honnêtes. En apparence, rien ne les distingue du reste de la population, et l'on risque souvent, par trop de confiance, d'aller demander du secours à un *ratero* contre un autre.

Ces braves gens sont dispersés partout et toujours disposés à prêter main-forte aux vrais brigands, dont ils grossissent la troupe dans l'occasion. Mais ce qui les rend méprisables, même aux yeux des voleurs, c'est qu'ils assistent aussi les gens de la police, selon les circonstances : en un mot, ils courent toujours au secours du plus fort. Pour le voyageur bien armé et bien accompagné, de tels hommes sont des paysans serviles; pour l'étranger, faible ou isolé, ce sont des assassins très-cruels. Ils se recrutent parmi les gardiens de troupeaux, les villageois désœuvrés, les journaliers paresseux, les moissonneurs nomades, les vagabonds de toute espèce, les aubergistes sans chalands, même on compte parmi eux de vrais métayers, ceux dont l'industrie honnête ne suffit pas à leur avidité. Ils sortent de leurs *cortijos*, ou petites fermes isolées dans la campagne, et vont attendre les passants sur les montagnes voisines. Malgré les lois, ces hommes sont presque toujours armés d'une carabine. S'ils voient passer un voyageur mal escorté, ils le dépouillent et le maltraitent, même ils ne s'en tiennent pas toujours là ; souvent la peur d'être dénoncés, la vengeance, la colère, les conduisent à des meurtres, et ces crimes ont en général un caractère plus atroce que dans des pays moins barbares.

Lorsque le métayer voit le voyageur bien armé, bien accompagné, il cache sa carabine, donne à ses compagnons, s'il en a, le signal du repos, c'est-à-dire du travail honnête, prend ses outils et fait semblant de cultiver la terre. Voilà le manége que mes guides m'ont souvent fait remarquer pendant le voyage de Gaucin à Malaga par Ronda.

Je n'ignore pas que beaucoup d'étrangers nient l'existence des *rateros* andalous : c'est le même système d'audace en paroles que celui des voyageurs qui rient de l'influence du mauvais air de l'Italie. Ces personnes ne croient jamais aux anecdotes qu'on leur raconte, et se vantent d'avoir parcouru impunément toute la contrée. A cela on a le droit de leur répondre que le danger peut se nier jusqu'au moment où l'on succombe. Voici un fait que je puis certifier entre cent autres qu'on m'a racontés :

Le courrier qui fait le service de la poste entre Ronda et Malaga vient d'être arrêté avant-hier dans un défilé que j'ai passé hier : c'était entre le Borgo et Casa Rabonela. Il était seul. Trois *rateros* l'ont attaqué; il a voulu fuir, les voleurs l'ont fait descendre de sa mule et lui ont enlevé cette bête, la seule chose de prix qu'il eût avec lui. On m'a montré le lieu même où l'accident est arrivé; et, comme je demandais des détails sur cet événement à l'un des volontaires royalistes que nous avions pris à Ronda pour grossir notre escorte, cet homme me répondit : Il ne se passe jamais un mois sans qu'*ils* dépouillent le courrier du roi. — Qui sont-*ils*? — Les habitants de la montagne..... A ce mot, je tournai les yeux de tous côtés, et j'aperçus plusieurs maisons isolées à demi cachées dans le creux des ravins que nous dominions, d'autres sur les pentes de rochers qui s'élevaient au-dessus de notre chemin. Une douzaine de soi-disant moissonneurs, tous gens de mauvaise mine, coupaient nonchalamment un blé rare et clair-semé dans un champ voisin. Ce qui ailleurs assure la tranquillité des voyageurs : la présence des paysans, la proximité, la multiplicité des habitations, loin d'être une protection dans ces parages, est un danger.

Malgré tant d'inconvénients, je n'ai jamais eu de jouissance plus complète que celle que me cause ce voyage. C'est un mélange de sentiments opposés et qu'il est rare d'éprouver à la fois. C'est l'amour de la guerre et de la rêverie, l'activité et le *far niente*, le désir de défendre sa vie et le plaisir de la perdre, l'énergie et l'insolence du satrape; enfin c'est nouveau, ce mot dit tout.

L'appareil militaire qu'il faut déployer sur la route donne un air d'importance au voyageur, et, ce qui vaut bien mieux, il ajoute à l'effet pittoresque des sites. Des files d'hommes armés vous précèdent sur les corniches des montagnes, où ces éclaireurs, toujours costumés pittoresquement, dessinent les zigzags du sentier que vous allez gravir. Ils font à certains points des haltes calculées; de ces lieux critiques, espèces de vedettes naturelles, leurs regards exercés surveillent le pays entier. Tout en avançant de cette manière savante à la suite de vos tirailleurs, vous rencontrez de longs convois de voyageurs qui viennent au-devant de vous. Les gens du pays se réunissent pour pouvoir employer, sans trop de dépense, des précautions semblables aux vôtres, et sans lesquelles ils n'oseraient se hasarder sur leurs routes. Les deux cortéges se croisent dans la montagne, où chaque chef de file a la précaution de faire arrêter son monde aux endroits des corniches assez larges pour que sans péril deux chevaux y puissent passer à côté l'un de l'autre.

Plus loin, de longues processions d'ânes et de mulets, chargés de bagages, sont dirigés par des *arrieros* moins polis. Ces grossiers muletiers vous barrent le passage pour un assez long temps, ou vous exposent à tomber dans le précipice. Ils servent au commerce intérieur du pays, et l'idée qu'ils ont de leur importance les rend souvent hostiles aux étrangers. Parfois, au contraire, ces hommes vous aident avec empressement à passer sans trébucher auprès de leurs bêtes; puis, en s'éloignant, ils vous souhaitent un bon voyage d'un air significatif, et qui vous rappelle les chances que vous avez à courir sur la route. L'Espagne en est à l'époque où l'on faisait en France son testament pour entreprendre une course de douze lieues. Vous entendez de loin retentir de rochers en rochers les échos du précipice, qui vous apportent les chants de ces hommes sauvages; et vous écoutez longtemps encore après que vous ne pouvez plus voir. Votre imagination se nourrit d'un spectacle si romantique. Heureuse Espagne, et plus heureux le poëte voyageur qui suit tes sentiers indécis, qui vit avec tes brigands, et se laisse enchanter par tes romances, aussi vieilles que tes ruines ; égayer par tes danses toujours nouvelles, enivrer par ton air brûlant, enthousiasmer par la sublimité sauvage de tes sites dévastés par ce soleil, qui boit tes eaux, et cache sous des bois de lauriers-roses le lit de tes torrents desséchés ! On est toujours jeune en présence d'une nature et d'un peuple aussi intéressants ; les souvenirs qu'ils vous laissent sont ineffaçables comme les impressions de l'enfance. Je ne vivrai jamais assez longtemps pour oublier ce que j'ai senti hier.

Avant de descendre au Borgo, petit village perdu dans une vallée de marbre d'une profondeur immense et toute dépouillée de verdure, j'ai vu le soleil se coucher derrière des monts stériles, mais couleur de pierres précieuses. Ils sont de marbre, et les rocs de cette matière ont des formes particulières ; ils ressemblent à des monuments de sculpture et d'architecture. Hier, au dessus des défilés profonds où nous conduisait vers le soir un apre sentier taillé à moitié de la hauteur des précipices les plus effrayants que j'aie vus, les têtes fantastiques des montagnes s'élevaient comme des statues colossales, modelées de la main du Tout-Puissant et resserraient l'horizon ; elles semblaient s'élever dans l'air aux approches de la nuit, pour remplacer les nuages sous un ciel d'acier poli et complétement vide. En plaine, cette voûte d'une seule teinte ferait mal aux yeux ; ici l'azur éternel est borné par un cadre de pierre, triste mais imposante décoration des paysages les moins champêtres, et les plus sublimes que j'aie vus. Le sublime est souvent terrible. Ces terres, magnifiquement désolées par le feu du ciel qui les calcine, par la paresse de l'homme qui les abandonne, ont un aspect inhospitalier. Les déserts de l'Europe sont trop près de la terre cultivée ; le brusque contraste qu'ils produisent avec la prospérité sociale d'alentour resserre le cœur de l'étranger sans captiver son imagination : c'est comme une modulation trop inattendue en musique. Le voyageur apprend à connaître ici des émotions qu'il ne peut éprouver que dans les pays placés comme l'Espagne sur les confins de la Barbarie et de la civilisation. Jamais on ne sentirait rien de semblable dans les déserts de l'intérieur de l'Afrique : ce qu'on éprouve en voyant l'Espagne résulte précisément de la lutte de la société et de la solitude en présence. On ne sait qui l'emportera de la vie ou de la mort, et l'on frémit à chaque pas comme si l'on était témoin d'une bataille. Dans les Alpes, la victoire est à l'homme, et ce qui reste d'inattaquable à la culture est cerné de si près par notre civilisation, qu'on prend ces impuissants souvenirs d'indépendance de la nature pour une décoration de théâtre qui n'a que l'apparence. Le contraire arrive dans la partie de l'Espagne que je parcours. En s'approchant des hommes de cette contrée, en voyant leur misère, leur perversité, on croit le combat fini d'une autre manière, et l'on se dit : C'est une horde qui va passer pour laisser le désert à lui-même. Je vous parle de la contrée la plus désolée de l'Andalousie.

Après vous avoir peint les ennemis du voyageur dans cette province, je dois aussi vous faire le portrait de ses hôtes, qui souvent ne diffèrent pas beaucoup des premiers. Comme il y a plusieurs sortes de brigands en Espagne, il y a plusieurs espèces d'auberges : toutes ont leurs noms divers; mais malgré cette classification, elles se ressemblent par l'incommodité de l'habitation et la cherté du gîte.

La *fonda* prétend au rang d'auberge régulière, on vous dit qu'elle est arrangée à la manière des *hôtels* du reste de l'Europe. Vous y trouvez le gîte et la nourriture, mais il est rare que ces hôtelleries pompeuses vaillent nos plus mauvais cabarets de France. Cependant il s'en est établi dans quelques villes, où les voyageurs sont passablement servis : les meilleurs appartiennent presque toujours à des Italiens.

La *posada* est une auberge où l'on ne vous donne que le gîte, et où il faut apporter tout ce que vous voulez manger. Ce genre d'auberge se trouve ordinairement dans les villes du second ordre, dans les villages considérables. En arrivant, vous envoyez au marché votre domestique, ou une personne de la maison, qui vous apporte ordinairement quelque chose à manger. Mais si vous voyagez un jour de fête, ou si la journée de route s'est prolongée jusque vers le soir, vous ne pouvez plus rien acheter, ni au marché qui est terminé, ni chez les marchands, dont les boutiques sont fermées, il faut alors vous coucher sans souper, à moins que vous n'ayez apporté avec vous quelques provisions, précaution absolument nécessaire; quand je dis sans souper, c'est à la lettre : sans un verre de lait, sans un œuf, quelquefois, selon les localités, sans un verre d'eau. Passé certaines heures, personne ne veut vous faire la moindre commission, même pour beaucoup d'argent. Les lits espagnols se composent ordinairement d'un matelas très-dur, bien plat, bien inégal, assez semblable à un sac de noix; on le pose sur un lit de sangle ou par terre : il y a des *posada* où l'on ne trouve pas de lits; à Ronda, nous avons été obligés d'en louer dans la ville, et il a fallu faire coucher notre malade aussi mal que nous-mêmes, sur l'espèce de matelas que je viens de vous décrire.

La *meson* est la posada des arrieros (muletiers), elle a tous les inconvénients des autres, avec un degré de plus de misère et de malpropreté.

La *venta* est une quatrième espèce d'auberge : celle des vieux romans espagnols; c'est l'hôtellerie de campagne, grande maison, le plus souvent entièrement isolée, où l'écurie prend toute la place, sans compter une cuisine et quelques chambres plus ou moins humides et logeables. Comme ce gîte est loin des lieux habités, on y trouve presque toujours des vivres, au moins des œufs, du pain et du vin contenu dans des peaux de bouc. Ces espèces d'outres conservent la forme de l'animal, ce qui leur donne un air de bêtes mortes assez désagréables, sans parler du goût détestable qu'elles communiquent à la boisson. On voit un ou plusieurs boucs pendus aux fenêtres des maisons; la nuit ces corps morts font l'effet de spectres. On demande ce que c'est?

C'est du vin, mais du vin logé de manière à faire l'effet d'une apparition. Encore Don Quixotte.

La *venta* est la vieille auberge espagnole, l'auberge de don Quixotte, de Gilblas, des comédies, et c'est souvent un lieu amusant pour les étrangers.

Cependant il faut faire une distinction entre les *venta* des grandes routes, qui sont des points de repos extrêmement fréquentés, et les *venta* des petits chemins détournés, tels que la route de Gibraltar à Malaga par Ronda. Cette espèce de gîte est ordinairement un abominable coupe-gorge. On y manque de tout. On aspire toute la journée à ce lieu, qu'on se figure, non comme un séjour agréable, mais comme un asile où l'on pourra dormir pendant quelques heures, à la suite d'une route fatigante; le désir d'arriver là s'accroît comme une fièvre, vous êtes brulé par le soleil, tout ce qui s'appelle habitation vous ferait l'effet d'un palais, vous le croyez du moins : vous arrivez à la venta, et au lieu d'entrer dans ce charnier fétide, vous fuyez au milieu d'un champ voisin.

Hier nous avons quitté Ronda fort tard, c'est-à-dire à deux heures après midi, non sans avoir annoncé à tout le monde l'intention de ne partir que le lendemain. Notre chemin nous a conduits à travers le camp abandonné la veille par José Maria;

de là nous nous sommes dirigés vers le Borgo, ce lieu dont je viens de vous décrire les approches : c'est un petit village sans arbres, et renfermé au fond d'une gorge brûlée par la réverbération des énormes parois de marbre de montagnes qui forment cet étonnant bassin. C'est une cave d'une profondeur immense. Au printemps les côtes doivent être parfumées de plantes aromatiques. Aujourd'hui elles ressemblent à de vieux sachets éventés! Il faisait grand jour quand nous avons commencé à descendre le roc qui domine le village, où nous ne sommes entrés qu'au clair de lune, tant la montagne est haute et tant le chemin, à peine tracé sur les escarpements, fait de circuits. Cette descente en corniche a duré une heure et demie, quoiqu'elle soit fort rapide. Jamais je ne vis une contrée plus dénuée de tout : c'est le paradis des cigales.

Il a fallu faire halte au Borgo pour une demi-nuit, chez un jeune ménage, dont le mari passe pour un brigand : le couple m'a paru fort beau. Cette *posada* consiste en une écurie et un grenier. Nous y avons manqué de tout, même de lits. Heureusement que la fièvre avait quitté notre malade; j'avais apporté un matelas d'air; je le fis monter dans le grenier et souffler, mais je n'ai pu dormir à cause des bêtes qui me dévoraient; ces animaux me paraissent les vrais propriétaires des maisons andalouses : les punaises sont en aussi grand nombre ici que les mouches chez nous. Cependant les paysans de l'Andalousie ont en général des logements meilleurs que les habitants de beaucoup de nos campagnes. La saleté espagnole s'est concentrée dans les auberges : ce peuple n'en est pas arrivé au point de se gêner pour les voyageurs; tout ce qu'il y a de bon chez lui est réservé aux gens du pays : c'est le contraste de l'Italie et de la Suisse, où l'avarice a changé l'orgueil national en une espèce d'humilité obséquieuse et avide, extrêmement désagréable sous le rapport moral, mais dont le voyageur peut profiter au moins pour se procurer ses aises. A la longue on aime mieux mépriser une nation d'aubergistes qui ne vous laisse manquer de rien, qu'estimer des hôtes qui vous refusent tout. Il y aura toujours plus de curieux sur les routes des Alpes que sur les sentiers de la Sierra Della Nuva autrement dit de Tolox. L'incertitude des noms peint l'ignorance des peuples de ces contrées, et met à chaque pas le géographe dans un grand embarras.

Ce qui contribue le plus au malaise des étrangers en Espagne, c'est le vieux préjugé des habitants contre l'état d'aubergiste. Tenir une auberge, c'est dans l'opinion presque l'équivalent de voler sur le grand chemin. Les aubergistes paraissent aux Espagnols des brigands moins braves et plus paresseux que les autres. Il est vrai que le préjugé n'est que trop souvent justifié ; et que c'est dans les *posada* que les bandits ont leurs auxiliaires les plus zélés.

Hier au Borgo, avant de me coucher, j'ai pris un prétexte pour entrer dans la chambre du jeune ménage ; cette visite me parut causer un grand déplaisir au maître de la maison. J'ai trouvé sa chambre dénuée de tout, comme l'habitation, comme le village, comme la terre d'alentour, comme les montagnes : mais dans cette chambre nue brillait un fusil ; cette arme, unique ornement de la maison, paraissait bonne et bien soignée ; on voit qu'elle doit servir souvent.

Dès trois heures du matin, en pleine nuit, nous nous sommes sauvés de ce lieu ennemi, où nous avions annoncé que nous passerions tout le jour ; nous sortîmes de l'écurie, en jetant à nos hôtes l'argent qu'ils demandaient avec l'assurance et l'avidité des aubergistes les plus expérimentés. Le chef de notre caravane ne manqua pas de laisser tomber quelques mots destinés à donner le change à ces braves gens.

Non loin du village est un embranchement du chemin d'Antequerra, et notre guide parlait de manière à faire supposer aux gens du Borgo que c'était vers cette ville que nous nous dirigions. Il faut convenir qu'en ce pays l'homme se fait une triste idée de son semblable. L'existence du paysan se réduit ici à la vie de l'oiseau de proie.

Au point du jour nous commencions à gravir la chaîne de montagnes la plus scabreuse de la route, tant par les difficultés naturelles que par les mauvaises rencontres qu'on y fait ordinairement. Vers la moitié du premier défilé, nous fûmes arrêtés plus de trois quarts d'heure par un accident survenu à mon compagnon de voyage : il lui prit un saignement de nez si abondant, qu'il menaçait de dégénérer en hémorragie grave ; il fallut le faire descendre de cheval près d'une source, lui baigner le visage d'eau fraîche, et l'obliger à se tenir long-temps sans mouvement assis contre un rocher ; notre position devenait critique, les guides murmuraient de ce retard ; à chaque instant le fils du brave patron d'Algesiras envoyait en avant un de nos hommes, chargé de revenir de cinq en cinq minutes lui faire son rapport sur l'aspect du chemin et du pays. Nous apercevions au penchant des montagnes plusieurs groupes de moissonneurs armés; ces hommes, assis autour de leurs feux nocturnes avant de commencer l'ouvrage du matin, paraissaient occupés à sécher leurs chemises humides de rosée.

La vue de leurs bivouacs champêtres, loin de rassurer nos gens, accroissait leurs soupçons; ils nous dirent que le pays était plein de faux moissonneurs et de vrais *rateros*; ils comptaient le nombre de ces soi-disant ouvriers, le comparaient à celui de notre petite troupe, et nous pressaient de partir, afin de ne pas donner à nos ennemis le temps de former, en se réunissant, un bataillon trop formidable pour nous. Enfin, nous nous remîmes en marche, mais lentement, de peur qu'un mouvement trop brusque du cheval de mon nouveau malade ne fît jaillir encore une fois son sang, accident dont le retour aurait pu entraîner des suites très-fâcheuses; ce danger me faisait entièrement oublier celui des brigands. Je me disais : S'ils sont en force, nous leur payerons notre rançon, s'ils sont plus faibles que nous, nous les battrons; et je n'écoutais plus les doléances de mes gens, tout absorbé que j'étais par une inquiétude bien plus poignante que la leur. Dans ce moment je méprisais leur pusillanimité, sans songer qu'un instant auparavant j'étais de leur avis. Singulière invention du Créateur que l'homme! c'est un instrument, et tous les effets de cet instrument naissent des contrastes. Celui qui s'amuse à essayer sur nous les diverses scènes de la vie, le grand poëte d'en haut connaît bien le mécanisme de notre machine physique et intellectuelle, il en calcule les poids, les contre-poids, et quand il lui plaît de la mettre en équilibre, nous bénissons, nous admirons son œuvre en nous; nous sommes forts, nous sommes heureux par lui; nous sommes reconnaissants; mais de nous-mêmes nous ne sommes rien, qu'une suite de touches qui attendent la main de l'artiste.

L'artiste, cette fois, c'était la peur. Une terreur plus violente a dissipé totalement une peur plus faible, et que j'avais crue d'abord très fondée, très-raisonnable : voilà sur quelle base reposent nos jugements!

Appliquez donc des raisonnements rigoureux à la conduite d'un être organisé de la sorte! Quel est l'homme assez sûr de la liberté de son esprit pour prétendre en conscience que toutes ses convictions ont leur source dans la raison? D'après l'état de l'homme ici-bas, la raison pure est une chimère.

Nous cheminâmes pendant quelques heures avant d'arriver à ce qu'on appelle ici *el puerto*, le port. C'est un défilé tortueux, long et sauvage; il se nomme el puerto Fernandez : on n'avait cessé de nous raconter les dangers de ce passage; c'est celui même où le courrier vient d'être dévalisé. Nous sortîmes du défilé sans avoir fait aucune mauvaise rencontre.

La descente vers Casarabonela est riche en points de vue extraordinaires. Mais pour les admirer on suit un sentier à peine taillé sur des murailles de marbre, et souvent suspendu au bord d'un précipice effrayant. Dans de pareils passages on se sent plus en sûreté à cheval qu'à pied. Je ne sais comment on se tirerait de cette descente avec de mauvaises montures. Les nôtres choisissaient, pour y poser le pied, des aspérités imperceptibles, et sur lesquelles les hommes auraient eu peine à se soutenir.

La petite ville de Casarabonela est enfermée dans un jardin enchanté. Nous avons retrouvé là un nouvel exemple des prodiges de cet art de l'irrigation que les Espagnols ont appris des Maures, et qui s'est maintenu chez les Andaloux à un point de perfection inconnu ailleurs. Les eaux de la montagne, dont la ville fait pour ainsi dire partie, tant elle tient aux rochers qui la supportent, nourrissent plusieurs étages de bosquets plantés les uns au-dessus des autres.

Il est intéressant d'observer les différentes manières employées par les habitants pour arroser le pays. Tantôt un buffle fait tourner une énorme roue sur laquelle sont fixées une quantité de cruches de terre. L'eau puisée d'en bas est rejetée par ces vases au plus haut point de la roue à chaque tour qu'elle fait, puis elle s'écoule dans un étroit canal creusé à travers la terre ; ce canal sert de conduit aux ruisseaux factices qui se divisent dans les étangs des vallons, ou dans les réservoirs creusés sur les corniches des rocs qu'elles fertilisent. Tantôt un Egyptien (Bohémien) reste tout le jour exposé au soleil, et occupé à faire aller sur le bord d'un torrent, une machine hydraulique qui rappelle l'enfance de l'art.

Le petit coin de pays qui entoure Casarabonela ressemble en grand aux fontaines de rocaille qu'on trouve dans certains jardins hollandais.

Les chemins qui conduisent à ces diverses terrasses d'orangers et de figuiers sont tracés en zigzags avec beaucoup de hardiesse, et bordés d'arbres aussi verts, aussi frais que ceux des pays les plus fameux par l'éclat de la végétation et la fraicheur de l'air. L'industrie humaine fait régner un printemps perpétuel dans cette espèce de forteresse de verdure, défendue par des remparts de marbre.

Au premier coup d'œil on ne peut s'expliquer l'existence de ce jardin qu'on voit posé comme une crèche au milieu d'un continent dévasté par tous les feux de l'été, et livré à tous les insectes, fléaux du désert.

On quitte à regret la consolante féerie de cette montagne éblouissante de fleurs et festonnée de fruits. Nous marchions sous des voûtes de grenades, d'oranges, de figues; pour compléter le tableau, il ne manquait là-haut que des dragons à la gueule enflammée: j'ai peut-être été plus surpris de n'en pas rencontrer que je ne me serais étonné de leur apparition. Mon esprit les a vus; ce sont les seuls hôtes naturels de ce séjour tout factice. J'étais étourdi du bruit des cascades artificielles qui retentissaient dans les ravines des rochers; une multitude de ruisseaux savamment répartis aux divers étages de cet édifice de culture prêtent une voix à la montagne, dont cette eau est la vie; on quitte avec peine ce coin de terre béni du ciel, où Dieu paye au centuple les efforts de l'homme. Je n'avais jamais vu un pareil exemple de soin et d'industrie à côté d'une contrée si désolée. Des contrastes si brusques qu'à peine l'esprit pourrait se les figurer, heurtent ici les yeux: la montagne de Casarabonela, avec sa merveilleuse végétation factice au milieu de rochers brûlés, jaunis, stériles, me faisait l'effet d'un bouquet de fleurs dans un vase de grès. Dans tout ce que j'ai vu en Espagne, l'extraordinaire, le bizarre, se mêle au beau.

En descendant les gradins de cette énorme pyramide de verdure bâtie sur le marbre, j'ai admiré des touffes de lauriers-roses sur lesquels je comptais plus de fleurs que de feuilles. Ces fleurs étaient d'une dimension étonnante et leur couleur d'un éclat merveilleux. Les plantes printannières sont défleuries, mais une autre série végétale commence : le spectacle n'est pas encore fini, c'est la décoration qui change. Maintenant commence le temps des masses de lauriers-roses mêlés aux touffes pittoresques des grenadiers, dont les fleurs rouges ressemblent aux crêtes de certains oiseaux qu'on croit perchés au milieu du feuillage ; les pistachiers lentisques au vert éclatant, à la petite feuille épaisse, élégante, aromatique, les pampres qui tapissent et drapent les montagnes donnent à ce coin de pays un air de fête réjouissant pour les yeux ; des bois de figuiers en pleine séve exhalent de leurs larges feuilles cotonneuses et profondément découpées un parfum redouté des serpents. Aussi est-ce toujours sous cet arbre protecteur que le voyageur et l'homme des champs cherche son repos du jour.

Je ne veux oublier ni les tamariscs aux rameaux délicats qui ressemblent à des aigrettes dont les femmes ornent leurs chapeaux, ni les fantastiques nopals, vulgairement appelés raquettes, ou figuiers d'Inde, ni les bleus aloès, ni les yuca aux formes orientales, ni les buissons de myrtes, ni les touffes de palma-christi, de romarins, de genêts d'Espagne en fleurs; ces plantes et des milliers d'autres font des champs que je parcourais hier un objet d'intérêt et de surprise continuels. D'antiques orangers plantés en vergers, ou alignés dans les terres comme les pommiers de Normandie, récréent la vue, embaument l'air, et changent la vie ordinaire en une ivresse continuelle.

L'habitant de cet Éden ne peut que rêver et sentir, penser serait inutile. Penser, c'est chercher, et que pourrait-on chercher quand on a le paradis?

Dans ces jardins champêtres la main de l'homme se montre partout; et remarquez bien ceci : sans cacher ni gâter la nature. Au milieu de ces campagnes enchantées du royaume de Grenade, la plus romantique province de l'Espagne, j'oubliais la chaleur, la fatigue, même la souffrance de mon compagnon de voyage; que peut-on craindre quand on se croit dans le ciel?

Nous descendions toujours; mais à mesure qu'on s'éloigne des montagnes que je viens de vous décrire, et dont les étages inférieurs sont des espèces d'amphithéâtres de marbre, élevés par la nature pour servir de réservoirs naturels à l'eau des cimes les plus hautes : sources de richesses que le ciel garde à la terre, et dont l'homme a su tirer parti avec une étonnante intelligence; on perd le souvenir de ces merveilles de culture, savant produit d'un mélange de soleil et d'humidité, dont la juste proportion est un secret connu des seuls habitants de ce singulier pays. La vallée où l'on arrive devient de plus en plus aride; ici c'est la montagne qui est fertile et fraîche, l'eau se perd avant d'arriver au sable de la plaine, et le voyageur, sorti des chemins taillés en escaliers dans le marbre, enfonce tristement ses pieds au milieu du lit desséché d'une rivière. L'arène a remplacé le roc, le chant de la cigale succède au murmure des fontaines, le chardon grisâtre tient lieu de la verdure de l'oranger; c'est alors qu'on redevient prudent et maladif, qu'on ressent l'accablement de la chaleur, qu'on se plaint de la longueur de la route, qu'on prévoit le péril, qu'on voit partout la mort et la souffrance, qu'on aspire au repos, qu'on demande la *ventu*, qu'on implore avec instance une goutte d'eau fraîche. On gémit, on murmure, et les paroles d'impatience accroissent la soif, attisent la douleur, la langue desséchée se colle au palais, on est haletant, hagard, on a le vertige, on devient furieux, on devient fou.

Nos guides et notre escorte bravaient les ennuis de la route avec l'admirable résignation des Espagnols. La longanimité de ce peuple est proverbiale. Il a de plus un bon sens original auquel tout étranger est bientôt initié, par le souvenir de Sancho Pança.

Les paroles sont ici d'accord avec les physionomies, qui sont graves, franches et naïves, comme les personnages de Don Quixotte. Personne n'a su rendre le sens commun aussi mordant que Cervantes. Dans le monde où il place ses acteurs, la raison la plus vulgaire devient une satire; quel génie il a fallu pour tirer tant d'effets d'un moyen aussi simple!!!... Cervantes est en Espagne pour le voyageur, ce qu'est Shakespeare en Angleterre. On ne peut comprendre le livre sans comprendre aussi le pays. Shakespeare est un esprit plus universel, Cervantes un écrivain plus naturel, et par conséquent encore plus utile aux étrangers.

Un Espagnol, homme du peuple, qui voyage, n'a besoin que de deux choses : des cigares et de l'eau.

L'eau et le feu sont ici le lien social de tous les hommes de la classe inférieure. Jamais deux paysans ne se rencontrent sans s'offrir réciproquement la lumière pour allumer le cigare, ou l'eau pour se rafraîchir : « *Hombre*, *agua*; *hombre*, *hombre*, *fuego!* » Homme!... de l'eau! homme, homme : du feu! Voilà l'exclamation qu'on ne cesse d'entendre répéter partout où vivent des hommes ; dans les rues des villes, dans les villages, sur les chemins, enfin partout et sans cesse ces paroles inarticulées en manière de cris vous frappent l'oreille, elles ressemblent à des hurlements d'animaux fort peu agréables. En général, il me paraît que les Andaloux gâtent la belle langue espagnole par leur manière de la prononcer. Cette remarque est risible dans la bouche d'un étranger, mais je ne m'embarrasse que d'exprimer ce que je pense.

Le culte du tabac et de l'eau fraîche est si universellement respecté dans le midi de l'Espagne, que je doute qu'un brigand, qui vient de dépouiller un malheureux, refusât le cigare à la prière de sa victime. Cet échange de petits services est devenu la vertu habituelle des Andaloux, comme l'hospitalité est celle des Arabes.

Nos guides ont un tel besoin de boire, qu'à la moindre trace de ruisseau qu'ils rencontrent, ils se précipitent à plat ventre pour humer dans le sable ou dans la bourbe le faible reste d'eau que le soleil leur dispute. Ils apportent à cette espèce de chasse l'intelligence du chameau d'Afrique. Dans un chemin solitaire, au milieu d'une grande étendue de pays entièrement déserte, il n'est pas rare de rencontrer tout d'un coup à l'ombre d'un buisson de tamarisc, ou dans le tronc creux d'un olivier, un pauvre homme caché là pour vendre de l'eau tout le jour aux passants, tout rares qu'ils sont dans des campagnes presque abandonnées. Cette eau se conserve dans des cruches poreuses et tout à fait semblables aux fameux vases d'Egypte.

Hier j'ai goûté de celle qu'on m'avait vendue dans un lieu où je ne m'attendais guère à trouver marchand ni marchandise. La bouteille d'argile pendait comme une calebasse, comme un fruit exotique aux branches d'un maigre et sale olivier, dans l'endroit le plus aride des bords du fleuve, c'est-à-dire du torrent actuellement desséché, mais qui tombe l'hiver dans la mer à deux lieues de Malaga, et qu'on nomme le Rio Gordo. Une vieille femme la distribuait aux amateurs par gobelets; contre mon attente, cette eau ne me parut ni douce ni fraîche.

Une demi-lieue au delà de cet arbre hospitalier nous sommes arrivés à la *venta* de Carmona, Cartama selon Laborde. J'aspirais depuis le matin au repos que je croyais trouver dans cet asile, longtemps promis à nos fatigues. Le saignement de nez de mon compagnon avait recommencé plusieurs fois; ces accidents prolongés nous faisaient craindre à chaque instant une hémorragie grave, mal assez fréquent parmi les étrangers qui s'exposent à voyager pendant les chaleurs de ce pays. J'implorais donc pour lui de l'ombre et du silence, et je pensais trouver cela dans la *venta* de Cartama. Malgré mon expérience, j'étais loin de m'attendre à ce que nous y avons rencontré. Elle est à trois lieues et demie d'Espagne, six lieues de France de Malaga, une des plus grandes villes du royaume. Je vais vous faire une description exacte de cette auberge et des gens qui l'habitent. Un tableau de genre fait quelquefois mieux connaître les mœurs et l'aspect d'un pays, que des volumes de remarques et d'aperçus philosophiques.

Figurez-vous une halle de plus de cent pieds de long, fermée par quatre gros murs verts de mousse ou blancs et luisants de salpêtre, et couverts d'une charpente à demi pourrie. Un des côtés de cette halle est exclusivement consacré aux mules et aux chevaux, d'où vient le nom d'écurie qu'on lui donne. On nomme l'autre côté cuisine, à cause de la fumée qu'on y fait, et qui se répand de là dans toute l'enceinte chaque fois qu'on veut préparer le repas de quelqu'un. Voilà toute la maison : le long des murs quelques mauvais bancs de pierres, inégaux et rongés de moisissure, servent de lits aux voyageurs. L'édifice entier est enduit d'une épaisse couche de suie incrustée d'insectes de toutes couleurs et de tous genres ; les uns vivants, les autres pétrifiés.

Quand on vient de faire trois cents lieues en Espagne, on ne peut plus s'étonner de l'aspect d'une telle hôtellerie. Je ne fus donc ni surpris ni effrayé à mon entrée dans la venta de Cartama (je me fie au nom écrit sur la carte de Laborde, plus qu'à celui que j'ai recueilli de la bouche de mes guides).

Je demandai d'abord une chambre pour mettre mon compagnon de voyage à l'abri du tumulte des chevaux et des muletiers. — Il n'y en a pas. — Je demandai du lait de chèvre et des œufs. — Il n'y en a pas. — Mais je vois des poules. — Elles n'ont point pondu. — Et vos troupeaux? — Ils sont à la montagne. — Enfin je demandai de l'eau. — Il n'y en a pas. — Quoi, vous n'avez pas même une goutte d'eau à donner aux malheureux voyageurs exténués? m'écriai-je. — Si vous l'exigez on en ira chercher à une demi-lieue d'ici; encore est-elle bien mauvaise.

La personne qui faisait imperturbablement ces réponses négatives était une vraie Léonarde, louche, sale, courte, grosse, à la peau huileuse et cuivrée, à la voix dure et cassée; sa physionomie m'effraya par un mélange peu ordinaire de souffrance et de férocité. Un homme, plus velu qu'un ours, trapu, grêle, au regard oblique et changeant, se tenait les bras croisés, immobile comme un animal en cage, près de l'aimable créature dont je viens de vous faire le portrait. Ces deux personnages étaient les domestiques de l'hôtellerie, et vous venez de voir de quelle manière ils faisaient le service de la maison. Nos muletiers avaient beau crier, jurer, avec une impatience rare en Espagne: valet et servante demeuraient impassibles, c'était un vrai tableau. Il manquait là un Téniers espagnol; Orrente ou quelqu'autre.

La plus grande privation pour moi dans ce pays tient à l'absence de la glace. Quand je me rappelle les plus misérables masures de la Calabre, où vous êtes sûr de trouver au moins une neige blanche et pure qui mêlée au vin, vous rend subitement la force et la vie, je me prends à m'irriter comme un enfant contre l'apathie espagnole. L'Andalousie est un pays aussi montueux que le royaume de Naples, et la glace pourrait se recueillir l'hiver, se conserver toute l'année, et se distribuer chaque jour ici, comme en Sicile et en Calabre. Mais à quoi bon murmurer ? Il fallut finir par s'asseoir sans rien demander, sans rien manger, sans rien boire et sans rien dire!!!

Nos muletiers, calmés enfin par le même spécifique, renoncèrent à donner à manger et à boire à leurs mules, et se firent des lits avec les selles et les couvertures de ces pauvres bêtes affamées, tandis qu'un enfant déguenillé partait pour la fontaine muni de deux cruches vides qu'il devait rapporter pleines au bout d'une heure.

Ce temps passé, le messager revient : nous avions du sucre, nous nous préparions à boire, quand j'entends sortir d'un coin obscur du hangar une voix sépulcrale qui me dit : — Ne buvez pas de cette eau; *Es mala, mala, mala* : Elle est mauvaise, mauvaise, mauvaise! *Da esa muerte, muerte, muerte* : Elle donne la mort, la mort, la mort!

Je m'approchai, curieux de voir l'être qui proférait, d'un ton solennel, des paroles, dont chacune était toujours répétée trois fois. Mais je reculai devant un spectre, un véritable spectre. C'était une femme accroupie près d'un tas de cendres chaudes, sur une petite chaise basse, la seule du logis.

Cette femme, qui se leva en me voyant venir à

elle, était plus grande qu'un homme de haute taille et maigre comme un squelette; chacun de ses bras n'était plus que deux os ficelés avec quelques nerfs qu'on pouvait compter; pour tout visage, elle avait une bouche, gouffre toujours ouvert, et dont l'entrée était plutôt indiquée que gardée par trois longues dents très-séparées les unes des autres. Le reste de la figure avait disparu, comme englouti dans cette ouverture creusée par la fièvre. Les yeux même, ce trait caractéristique des figures méridionales, étaient éteints et couverts d'un nuage; mais cette malheureuse bouche, moitié riante par convulsion, moitié blasphémante, répétait toujours, comme un oracle qui sort d'un abîme : *Mala, mala, mala, muerte, muerte, muerte!*

On me dit que ce fantôme était une pauvre gitana malade et à moitié folle.

Je lui demandai quel était son mal; elle me répondit : *La calentura, la calentura, la calentura*: La fièvre, la fièvre, la fièvre! Je me sentais fasciné par un mélange de terreur et de pitié.

Elle ajouta, en essayant de sourire, qu'elle avait cette fièvre tous les jours *depuis quatre ans*, et, dans la grimace gracieuse qu'elle s'efforça de me faire, ses trois dents allongées remontèrent presque au-dessus du nez, comme celle d'un âne qui brait, lève la tête et découvre sa mâchoire supérieure en contractant ses naseaux pour mieux respirer les émanations qui l'excitent.

Jamais être humain ne s'est présenté à moi sous un aspect plus effrayant que celui de la Bohémienne de Cartama. Je me crus ensorcelé, et je quittai avec horreur ce squelette fou pour aller m'asseoir par terre sur le grand chemin près de la porte de la *venta* maudite.

J'aperçus là une calessine. — Le chemin d'ici à Malaga est donc praticable pour les voitures? dis-je à un homme qui se trouvait près de moi.—Oui, me répondit laconiquement l'inconnu. — A qui appartient ce cabriolet? — Au maître de la maison. — Je suis fatigué, mon compagnon de voyage est malade, la chaleur est grande, la route longue, j'aurai bien de la peine à la faire; peut-on demander pour moi au maître de la maison de me louer cette calessine? — Non. — Pourquoi? — Il est là couché sur la paille dans le grenier avec la fièvre, n'attendant que la fin de l'accès pour retourner à Malaga dans sa voiture.

Rien que la fièvre et la famine!.... J'étais découragé : je gardai le silence.

La physionomie de nos muletiers était devenue plus sombre que de coutume. Tout à coup notre jeune chef de file (mayoral) s'approcha de moi, et me dit à voix basse : — Il faut partir. — Pourquoi? il fait encore bien chaud, et mon compagnon de voyage a besoin de repos. — Il faut partir, me répond cet homme avec autorité; il faut partir à l'instant! vous dis-je. Vous ne voyez donc pas où vous êtes? Le maître de la maison se cache sous prétexte de maladie, mais, dans le vrai, il craint d'être reconnu par quelques-uns de nos soldats de Ronda; d'ici à une heure, ses *ouvriers* vont rentrer; il faut partir avant leur retour. S'ils nous trouvent ici, je ne réponds de rien. — Quoi! si près de Malaga? — Nous serions à cent pas de la ville que je craindrais encore les associés de cet aubergiste.

Ce discours me persuada; je dis à notre prudent conducteur de faire ce qu'il voulait : dix minutes après ce colloque nous étions tous à cheval.

Notre domestique espagnol, qui connaît le terrain, quitta la *venta* sans avoir osé demander la plus petite chose, pas même une figue aux habitants de ce repaire. C'est pourtant dans ce lieu maudit que nous avions espéré trouver le repos, après une marche non interrompue de huit longues heures. Nous étions partis de Borgo à trois heures du matin et arrivés à la *venta* de Cartama vers onze heures.

A présent que je vous écris dans une auberge

passable, à la fin d'un repas qui m'a paru d'autant meilleur que depuis deux jours j'avais vécu d'œufs durs et de morceaux de chocolat cru, j'entends encore les murmures de la Léonarde de Cartama, insultée, disait-elle, par les soupçons du mayoral de notre convoi, soupçons qu'elle avait devinés avec une perspicacité qui les justifiait. Je me crois poursuivi par les jurements affreux du garçon d'auberge, qui prenait parti pour sa Maritorne irritée, et ne pouvait dissimuler sa surprise et son mécontentement de notre retraite subite. Enfin je vois toujours la vieille Bohémienne exténuée, mais forte comme la mort, et qui, dans le paroxisme de la fièvre, suivait nos chevaux à grands pas de spectre, et mêlait d'horribles imprécations à ces paroles sans cesse répétées : *Mala, mala, mala, muerte, muerte, muerte! calentura, calentura, calentura!* Elle nous suivit ainsi pendant une lieue de France, en nous injuriant tous les uns après les autres, et en nous demandant l'aumône. Je me croyais au pouvoir de l'enfer; je pressai le pas des hommes et des chevaux, et je ne commençai à respirer qu'au moment où le squelette acharné sur nos traces s'assit fatigué de sa course. La mégère se leva plusieurs fois et tenta de nous rejoindre, mais en vain : elle s'asseyait et se relevait sans cesse en nous menaçant du geste et de la voix; enfin nous la perdîmes de vue entièrement, et bientôt nous cessâmes même de l'entendre. Sa présence m'avait donné le vertige; j'attachais malgré moi à cette rencontre une idée superstitieuse : une furie s'était jetée sur moi et son souffle m'avait empoisonné; la vue des tours et des murs de Malaga ne put dissiper mon trouble; et dans ce moment même, quoique abrité par les murs d'une maison fraîche et commode, je ne me sens pas dans mon état naturel : il y a de la fièvre dans mon sang, du délire dans mon esprit; il me semble que je vais tomber malade.

Mon compagnon de voyage n'avait éprouvé en chemin aucun nouvel accident : mais depuis notre arrivée à Malaga il a encore perdu beaucoup de sang. On me rassure en me persuadant qu'à présent qu'il peut prendre du repos et se rafraîchir, cette crise sera salutaire et le préservera d'une maladie grave.

L'entrée de Malaga, par la route de Ronda, est un long faubourg. Cette rue m'a paru gaie, c'est vraiment une rue espagnole. Sale comme toute la ville, mais pittoresque et amusante. Un jeune *arriero* conduisait devant nous un nombreux convoi de mulets, ces animaux avec leur charge barraient le passage; la *carabine* et la *guitare* du mayoral pendaient attachées des deux côtés de sa selle; emblèmes de guerre et d'amour: c'était l'image fidèle de la vie aventureuse du paysan de l'Andalousie, qui ne respire que combats et plaisirs. L'air d'insouciance de ce jeune homme, la beauté de son costume, l'éclat du poil de ses bêtes, le bruit étourdissant de leurs grelots, tout me rappelait le nom du pays que nous parcourions: c'est bien l'Andalousie, la belle Andalousie, qu'il faut voir surtout dans les villes populeuses, si l'on veut l'admirer.

Quand nous venions à passer devant une maison ouverte, des tableaux encore plus singuliers attiraient nos regards; au fond d'une de ces cours intérieures qui rappellent les maisons antiques, et qu'on nomme *patio*, j'aperçus un moine causant en tête à tête avec une jeune et jolie femme, qui avait déposé sa guitare aux pieds du religieux. Un jasmin fleuri leur servait de tente: ailleurs je rencontrai une grande dame assise de côté sur un âne, elle s'avançait les mains appuyées sur les X de bois que formaient les antiques bras de sa selle; c'est ainsi qu'escortée de ses domestiques, elle revenait majestueusement vers la porte de la ville.

Je croyais voir la duchesse de Don Quixotte. Elle se rend, m'a-t-on dit, tous les soirs, à une maison de campagne attenant aux murs de la ville, et elle revient coucher à Malaga.

Cette noble dame avait la tête empanachée de plumes noires, et son âne disparaissait fièrement sous une énorme housse de toile de Perse garnie de franges; cette housse tombait jusqu'aux pieds du plus glorieux baudet que l'Espagne et le monde eussent offert à ma vue. Des hommes à cheval accompagnaient l'âne triomphant, et chacun de ces brillants cavaliers se rafraîchissait le visage avec des éventails blancs. N'ai-je pas raison de vous dire que j'ai vu la duchesse de Don Quixotte?

Plus loin, un barbier dans sa boutique jouait de la mandoline à un soldat; une jeune fille s'agitait légèrement devant eux au son des castagnettes qu'elle faisait retentir en l'air tout en souriant avec des grâces charmantes. D'autres dansaient le fandango dans une rue écartée : partout les refrains de la tiranna, les fredons de la romance, les soupirs des seguidilla, les accords animés, mais tristes, du boléro et le *fron fron* des cordes d'instruments, et les coups du tambourin, dont les sons animés sont les fanfares de la joie populaire. Tout ce que je voyais, tout ce que j'entendais me montrait un peuple amoureux, et qui ne voit dans la vie que des moyens de plaisir. N'ayez peur que de tels hommes reprochent au bon Dieu de les avoir fait naître!....

C'est à travers une foule si singulièrement et si diversement animée que nous sommes parvenus à la porte d'une auberge. En descendant de cheval je me sentis étourdi comme un homme qui vient de faire un rêve impossible; mais à la réalité duquel il s'obstine à croire.

Malaga n'est rien moins qu'une belle ville, mais elle est dans une position pittoresque; elle a un port très-beau, une alameda élégante, et ses habitants ont de la beauté; pourtant leur physionomie me paraît moins douce et moins agréable que celle du peuple de Séville.

Il y a ici deux races d'hommes, dont les traits offrent une singularité frappante. L'une a des yeux bleus et des cheveux très-noirs; l'autre a des yeux noirs et des cheveux très-blonds; cette bizarrerie donne souvent une grâce piquante aux figures, surtout aux têtes de femmes.

Cette course de quarante lieues, accomplie sous un soleil ardent et dans des chemins où l'on n'oserait chez nous faire passer des ânes, m'a donné l'occasion d'apprécier tout le mérite du cheval andaloux;

docile, élégant, fidèle, c'est le compagnon de son maître. D'après le commun préjugé, on ne lui attribue en France que de la douceur, de la souplesse et des mouvements majestueux. Pour apprendre à bien connaître ce bel animal, il faut venir le chercher dans son pays. Il est doux, mais fier, vite et infatigable; sa beauté frappe d'abord les regards; il a des formes plus arrondies que le cheval arabe, son encolure et sa croupe sont fortes, mais son œil est d'une vivacité qui dénote la noblesse de sa race, ses naseaux sont grands et ouverts. Nous avions plusieurs mulets et sept chevaux; à la quarantième lieue, ceux-ci étaient agiles, ardents, élégants, faciles comme en sortant de chez eux. Je les admirais surtout à la descente: nous avons quelquefois trouvé des pentes de rocs d'une lieue de marche, coupés presqu'à pic par la nature. L'homme n'a fait que tracer là d'étroits sentiers ou des rampes d'escalier dont la pente est plus rapide et plus inégale que des marches dégradées. Dans les passages les plus difficiles, nos chevaux se servaient quelquefois d'une fissure de marbre de l'épaisseur du doigt pour poser deux fois leurs pieds; ces deux pas si périlleux, au bord des plus affreux précipices me faisaient d'abord battre le cœur et fermer les yeux, mais dès la fin du premier jour je sentis que ma monture était plus sûre que moi.

Ces animaux intelligents franchissent les endroits les plus scabreux avec une prestesse dont la grâce ne peut être comparée qu'à la démarche des jeunes filles de leur pays, qui piaffent comme les chevaux de race. Je puis dire avec vérité que le cheval qui m'a porté pendant quarante lieues, à travers les chemins, que je viens de vous décrire, n'a pas fait un faux pas de la route. La femme la plus pusillanime se serait fiée à l'adresse de cette charmante bête, à sa sollicitude intelligente, à sa force, plus qu'elle ne se serait fiée à elle-même. Des montagnards seuls oseraient s'aventurer dans certains passages du chemin que vers la fin de notre course je traversais pourtant sans inquiétude sur le dos de mon cheval. Je regrette de me séparer de cet aimable et utile compagnon de voyage. Pas un coup de fouet pendant quatre jours de route, pas un coup d'éperon ne lui ont fait sentir ma présence. Le plus léger mouvement de la main ou des jambes a toujours suffi pour le faire obéir. Cette extrême sensibilité aux aides rend ordinairement les chevaux difficiles à monter; pourtant ceux-ci se laissent mener par des enfants, et malgré tant de docilité ils sont d'une élasticité, d'une énergie qui les rendent dignes du meilleur écuyer. On peut tirer du vrai cheval andalou autant de profit que d'honneur. Remarquez bien que ceux qu'on nous avait amenés de Saint-Roch, quoique bons et sûrs, ne sont pas des plus distingués de leur race. Sans l'extrême difficulté de la route, et surtout sans les embarras du passage de la frontière, je ramènerais en France un des beaux chevaux de ce pays. Mais on dit que le changement de régime et de climat altère en peu de mois leurs qualités. Ils vivent d'orge et de paille hachée. Un cheval andaloux ne sait ce que c'est que le foin : aussi son poil est-il d'un éclat que je n'ai vu qu'à lui. A tout prendre, cet animal, dans son pays, est le premier des chevaux, excepté pour la course. Là, les chevaux arabes et anglais conserveraient, je crois, sur lui la supériorité qu'ils ont sur tous les autres.

LETTRE LII.

SOMMAIRE.

Air d'élégance de la ville de Malaga.—Il n'y a plus de société depuis la révolution de 1823. — C'est de la mauvaise humeur, ce n'est pas de la misère.—Le brigandage profite des troubles politiques. — Ce qui est immoral est anti-social. — Société des brigands; sa base. — Tendance de notre littérature moderne. — Leone Leoni. — L'amour du genre humain ne remplacera jamais efficacement l'amour de Dieu et l'amour de la patrie. — Le bien que la France fait à l'Espagne. — Le brigandage fait un mal incalculable et prépare la catastrophe générale. — Moyen employé par le gouverneur de Malaga pour voyager en sûreté. — Anecdote très-véritable. — Manière de vivre des gens riches. — Ils sont les seuls malheureux. — Leurs avantages tournent contre eux. — Conversation avec un vieux banquier de Malaga. — L'avenir de l'Espagne en 1831. — Chances de tranquillité. — L'Alameda de Malaga. —Le vieux château. — Description du site. — Coucher de soleil. — Aspect du pays. — Ses productions. — Antiquités. — La cathédrale. — La mer se retire du port. — Aspect de la ville au commencement de la nuit. — Gaieté, insouciance des habitants.

A MISS BOWLES.

Malaga, ce 25 juin 1831.

Les habitants de Malaga me disent que cette ville est ruinée : pourtant elle a un air d'élégance et de gaieté qui réjouit les yeux. Les gens les mieux instruits de l'état du pays prétendent que cette aisance n'est qu'apparente. C'est la première fois que j'entends parler d'une ville tout entière qui affecterait le bonheur. Mais le fanatisme politique fait des miracles ; c'est une foi terrestre : aujourd'hui les plaisirs de la société sont nuls pour les personnes du grand monde à Malaga ; cette tristesse date de la révolution de 1823... A vrai dire cela s'appelle de la mauvaise humeur et non de la misère ; quoiqu'à la fin l'une puisse engendrer l'autre. Les riches s'habituent à l'isolement, l'apathie les gagne vite en ce climat; ils restent chacun dans leur coin, et quand par hasard ils se rencontrent, ils se disent à l'oreille: « Comme nous nous amusions en 1822! »

L'association du brigandage, qui met la société régulière en état de siége, a gagné tout ce que celle-ci a perdu. Il en est toujours ainsi dans les temps de désorganisation politique et morale; cette expression me fait penser qu'on devrait substituer le mot de sociabilité à celui de moralité, on s'entendrait mieux; ce qui est immoral isole toujours les hommes ou avilit les liens qui les unissent; ce qui est moral assure l'empire de la société, ou en ennoblit le principe. La mauvaise politique ainsi que la littérature perverse et la fausse philosophie, démolissent l'édifice social, par des erreurs qu'elles donnent pour des vérités. A force de dégrader le jugement humain, de désenchanter l'esprit, elles réduisent les rapports possibles des hommes entre eux à un seul: au règne de la supériorité individuelle; principe qui pousse l'orgueil à ses dernières conséquences, et qui équivaut, pour moi, à l'autorité du chef de brigands sur sa bande. Je parle de cette espèce de supériorité naturelle qui résiderait uniquement dans l'esprit, et resterait indépendante de toute vertu sociale et religieuse. C'est sur cette dernière base du mérite personnel que se fonde la société renouvelée par les hommes qui ne reconnaissent plus ni les droits de l'état, ni ceux de l'église : et qui substituent à ces deux pouvoirs réels et positifs un être de raison qu'ils appellent le genre humain. Ce genre humain, c'est eux-mêmes, c'est leur personnalité monstrueuse, c'est leur esprit avec ses lumières, ses prétentions, ses erreurs, et ses systèmes, c'est la prépondérance de leur intelligence particulière sur l'autorité du corps social organisé, c'est du protestantisme politique; et ce nouveau pouvoir, héritier de tous les autres, sera usurpé par des hommes affranchis des anciennes entraves, mais pourtant imparfaits comme leurs adversaires. Aussi deviendra-t-il tyrannique et abusif, comme tout autre pouvoir, et plus que tout autre, car les écarts de l'orgueil isolé dépassent tout ce que les corps composés ont jamais pu commettre d'abus : ce sera le dernier triomphe du principe de l'isolement, ce sera la révolution organisée, ce sera, je le répète, la société réduite à l'autorité du chef de brigands sur sa troupe, du bourreau sur sa victime, du criminel sur ses complices *. Tous les hommes

* (*Note écrite en 1835.*) Relisez un roman d'un écrivain à la mode, et remarquable surtout par l'éloquence du style, elle est

bienfaisants ont agi sur leurs semblables au nom d'une puissance supérieure à celle de leur propre intelligence, au nom de la patrie et de la religion: on reconnaissait l'autorité de ces hommes, parce qu'on savait qui la leur avait déléguée, et à qui en appeler s'ils en abusaient. On savait d'où ils venaient : Dieu et la patrie sont des mots qui représentent des idées claires et définies; mais l'idée vague et complexe du genre humain ne suffira jamais pour autoriser la mission des nouveaux apôtres; à force de vouloir étendre l'horizon l'on risque de perdre la vue.

Ces messies de l'humanité commencent par dégoûter l'homme de tout lien sanctionné par le pouvoir religieux et par le pouvoir social. Mais, comme ils ne peuvent vaincre l'horreur de l'isolement que nous apportons en naissant, tout en détruisant les unions légales, ils laissent subsister les unions fortuites, fruit détestable, mais nécessaire de l'instinct social que la nature a mis en nous. Il résulte

intitulée *Leone Leoni*, et dites, si vous l'osez, que nous ne vivons pas dans un temps de complète désorganisation sociale!.... Ne voyez-vous pas que toute association sanctionnée par les lois écrites, divines ou humaines, est condamnée uniquement parce qu'elle est légitime; et condamnée, non-seulement dans l'opinion du vulgaire, mais même dans la pensée des plus grands talents, de ces forts esprits qui se croient appelés à diriger le genre humain vers le but éternellement promis à leur avidité de pouvoir?

de là que de nouveaux pactes, qui ne vaudront guère mieux, qui vaudront peut-être moins que les anciens, seront toujours conclus sur les ruines des anciens édifices politiques. Vous tranchez la question en nous opposant comme axiôme ce qu'il faudrait nous prouver : le progrès indéfini sur la terre.

Et c'est à des biens si douteux que vous sacrifiez les conquêtes certaines de l'ancienne civilisation ; à des vertus si vagues, que vous immolez des devoirs positifs ! Chez les anciens peuples, la foi ennoblissait l'obéissance ; l'intérêt peut vivifier vos sociétés nouvelles, mais en dégradant leur principe. Ah ! prenez garde ! Ne voyez vous pas qu'à force de démolir pour trouver la vraie base de votre édifice nouveau, vous descendez jusqu'à la caverne de voleurs, où d'exécrables serments sanctionnent la dernière des associations possibles entre les humains : celle des appétits. Les passions, ces forçats libérés des vieilles sociétés païennes, sont par vous réveillées dans leur antre. Vous les appelez de toutes parts, à se lever sur les ruines austères des sanctuaires chrétiens, et vous les employez à hâter ce que vous nommez la fusion du genre humain : ce règne de l'unité, comme vous l'entendez, ce but du progrès me paraît un nouvel empire romain fondé sur de nouveaux rapts et de nouveaux brigandages. C'est au nom d'un avenir gros d'illusions, que vous sapez notre passé avec ses croyances confirmées par tant de bienfaits; et, pour nous attaquer plus avantageusement, vous vous faites des devoirs de vos haines, des nécessités de vos vengeances, des vertus de vos fureurs, des droits de vos envies; vous finissez chacun de vos serments destructeurs de toute croyance, en nous disant de vous croire et d'espérer en vous!... L'univers nous a trompés, nous trompe et nous trompera, hors vous et vos disciples!

C'est à ce degré de désorganisation sociale et morale que la vieille Espagne me semble toucher aujourd'hui ; voilà le fruit des lumières que nous avons apportées à ce pays; voilà ce que me crient les voix que je crois entendre sortir de dessous cette terre minée par le feu des révolutions; ce feu trouve ici plus que partout ailleurs des aliments à sa rage. J'ignore quand se fera l'explosion, mais je crois qu'elle sera terrible.

En attendant cette catastrophe générale, le brigandage élève trône contre trône. La société légitime est aux abois, on la voit sans cesse forcée d'entrer en négociation avec le monstrueux pouvoir sorti de son sein pour la détruire; et cette transaction perpétuelle de l'ordre avec le désordre, du magistrat, roi de la cité, avec le roi des grands chemins, est non-seulement une tolérance, une reconnaissance formelle du désordre organisé, qui fait la vie d'un peuple entier, appelé les bandits andaloux. Je ne crois pas qu'un pareil système soit longtemps compatible avec l'existence d'un gouvernement régulier quelconque. Ce pays est menacé, non d'une guerre entre des partis politiques, mais d'une guerre entre la barbarie et la civilisation, d'une guerre à tout état organisé quelque forme qu'il prenne, quelque fiction qu'il adopte pour principe ; et voilà ce qui me fait pleurer sur l'Espagne, et m'écrier à la porte des villes, comme hier la Bohémienne de la venta : Malheur, malheur, malheur !...

Il y a trois mois que le gouverneur de Malaga, personnage fort important dans la province, voulut aller à Ecija ; il résolut d'entreprendre ce voyage absolument seul, il savait que pour se défendre contre le gros de la troupe de José Maria, campée alors tout entière sur la route d'Ecija, il aurait fallu qu'il prît une escorte de quatre-vingts hommes au moins ; cette espèce d'armée l'aurait retardé dans sa marche, il était pressé. Un de ses amis le voyant prêt à partir sans aucune précaution, se récria sur l'imprudence qu'il allait commettre. Le gouverneur écouta patiemment le sage sermon de cet ami; puis, quand tout fut dit, il tir de sa poche un *laissez-passer*, signé d'un seigneur des environs d'Estepa, dans la maison duquel José Maria a servi longtemps comme domestique.

Le représentant du roi d'Espagne à Malaga, la troisième ou la quatrième ville du royaume, avait demandé un passe-port à l'ami du roi des grands chemins!

Le personne qui me racontait ce trait est un banquier millionnaire.

« Les seuls vrais malheureux en ce pays, me disait ce financier, ce sont les riches; leur fortune ne leur vaut que des embarras sans avantages. On est l'esclave de son argent, dans une société où la peine de le défendre passe de beaucoup le plaisir de le dépenser. Quelle jouissance un riche peut-il s'accorder à Malaga, ou procurer aux autres? Quand on est servi par des domestiques du pays, l'élégance est impossible; ils ont un tel esprit d'insubordination, qu'ils appellent l'exactitude une minutie, les attentions les plus ordinaires leur sont impossibles; pendant le jour ils abandonnent leur maître à la solitude de la maison pour aller se promener ou dormir sous un arbre, la nuit ils dansent et chantent; si vous les grondez ils vous quittent, aimant mieux jeûner chez eux sans rien faire, que de bien vivre en travaillant chez vous; si vous les renvoyez, vous êtes forcé de les remplacer par d'autres qui sont pires que les premiers.

» Des équipages élégants sont un luxe inconnu dans un pays où il y a trop peu de routes praticables pour les voitures. D'ailleurs il est impossible d'habituer ici les gens à bien soigner les chevaux et à tenir les voitures propres.

» Arranger une maison de campagne, serait sans contredit le plus grand amusement d'un homme riche, habitant un pays brûlant comme celui-ci. Mais comment jouir de ce plaisir dans une contrée où l'on ne peut quitter la ville sans courir le risque d'être égorgé sur les chemins, ou pillé dans sa maison si elle est isolée et d'un abord facile? Si vous faites de votre villa un donjon, vous manquez le but et vous vous ennuyez au lieu de vous divertir.

« Tant que durera un ordre de choses basé sur la double rapine des administrateurs et des brigands, il est clair que les riches seront les hommes les plus misérables de l'Espagne. »

C'est sans doute pour cette raison, répliquai-je, qu'ils sont les seuls révolutionnaires.

Au reste, les remarques du vieux banquier de Malaga me paraissent plus spécieuses que justes. Il avait de l'humeur : voilà ce qu'il y a de plus clair dans son discours. Je ne croirai au malheur des riches que lorsque je les verrai se donner autant de peine pour s'appauvrir que je vois les pauvres faire d'efforts pour s'enrichir.

Néanmoins ce vieux et prudent paradoxe, par lequel on ne montre que les inconvénients de la richesse, afin d'assurer le repos de ceux qui la possèdent, approche ici de la vérité plus que partout ailleurs. On y jouit peu de l'opulence, et l'on n'y souffre guère de la pauvreté. Ce fait devrait rassurer sur l'avenir du pays. Qui sait si Dieu n'a pas réservé la paix à ce coin de l'Europe, bien qu'on le dise plus menacé de bouleversements que tout le reste du monde?

Quelle bonne satire de la sagesse humaine, si la Providence épargnait les révolutions au seul gouvernement qui ne pense pas à se prémunir contre elles !!.. Jusqu'à présent le gouvernement espagnol ne s'est occupé que de punir les troubles, l'idée de chercher à les prévenir ne lui est pas venue. Il serait curieux que cet aveuglement réussît mieux dans ce pays que la prudence dans les autres états. Tout est problématique dans les affaires de ce monde! Le système de l'inoculation, appliqué aux révolutions par les souverains les plus éclairés de notre temps, n'est peut-être pas le meilleur possible. L'événement décidera.

L'alameda de Malaga est une belle et pompeuse promenade toute plantée de lauriers-roses. Ces arbres, rangés en allées au milieu d'une ville, ont un certain air artificiel plus extraordinaire qu'agréable; cependant cet alameda est célèbre en Espagne. Aux heures de la promenade publique, les arbres sont arrosés par des ruisseaux factices.

Près de ce lieu, plutôt bien arrangé que beau, on voit un arc mauresque en marbre, monument très-bien conservé.

Il faut monter au vieux château de Malaga. On a de cette hauteur une vue très-étendue, sur une mer d'un éclat et d'une gaieté merveilleuse par la multitude de voiles d'un blanc étincelant qui se détachent sur un fond d'azur; mais les terres qui bordent cette mer sont d'une magnifique nudité : point d'arbres, peu d'habitations, de grandes lignes de côtes bordées d'écume, d'immenses horizons de montagnes. C'est l'eau du golfe de Naples, et plus brillante encore, emprisonnée dans un désert : des plages stériles, des roches âpres, sombres, dépouillées, cendrées, incessamment frappées de je ne sais quel souffle africain qui calcine et colore tout :

tel est l'aspect de ce territoire célèbre par la qualité de ses vins et la chaleur de son atmosphère. Il est d'ailleurs assez productif; il abonde en huile, en grain. Ce pays n'est pas stérile, il est nu, ce qui tient surtout à l'aversion des paysans pour les arbres; leur préjugé à cet égard dévaste toute l'Espagne; ici les hommes coupent comme ils plantent ailleurs. Les plus fameux vignobles de Malaga ont l'air plus négligés que les mauvais crus de Surenne ou de Montmorency. L'air de cette ville n'est pas des plus sains; les fièvres inflammatoires y sont fréquentes. Malaga n'a point oublié les ravages de la fièvre jaune au commencement de ce siècle. Quand l'épidémie eut cessé, il fallut repeupler la ville avec des hommes du dehors. Un pays se ressent toujours de ces crises extraordinaires.

Le château de Malaga est bâti sur les fondements d'un phare antique, on a trouvé beaucoup de restes d'architecture à Malaga; ce fort s'appelait chez les Maures *Gibralfaro*. Il avait dès ce temps un phare célèbre.

La cathédrale renferme de beaux tableaux, dont l'un est d'Alonzo Cano, et quelques sculptures remarquables; elle a été bâtie à la place d'une mosquée.

La ville de Malaga est menacée de se voir abandonnée de la mer ; la rivière, voisine du port, le Guadalmedina, charie du sable à son embouchure et fait reculer la Méditerranée. C'est un grand malheur. Le port qui s'obstrue de jour en jour, est encore aujourd'hui un des meilleurs de l'Espagne ; c'est aussi l'un des plus pittoresques.

Ce soir, du haut de la montagne, sous la porte du château fort, j'ai vu la lune se lever à travers les mâts des vaisseaux qui remplissent le port de Malaga. Sa couleur était d'un rouge sombre, les vapeurs qui dilataient le disque enflammé s'élevaient dans le ciel comme des nuages de fumée au-dessus d'un foyer lumineux ; les navires avec leurs agrès et leurs mâtures semblables à des troncs d'arbres, aux branches dépouillées, se détachaient en noir sur ce fond éclatant : on eût dit un feu de joie allumé dans une forêt.

Des chants lointains égayaient l'obscurité, et les frémissements des guitares sortaient de toutes les parties de cette ville éveillée pour le plaisir, endormie pour les affaires. Les accords des instruments montaient jusqu'à moi comme des soupirs d'amour, et les harmonieux bourdonnements des cordes plaisaient à la pensée plus encore qu'à l'oreille. Les sons n'étaient pas agréables, mais tout ce bruit était du plaisir et de la joie

Dans le midi de l'Espagne, chaque soirée est une fête, tant la nuit embellit ce pays!! On ne le voit pas, on n'est plus attristé de sa nudité, on respire son air balsamique et l'on entend vivre son peuple!

Des chants passionnés, des éclats de gaieté, des murmures de jeunesse et de bonheur vous arrivent à travers les ténèbres, et vos soucis sont dissipés par ces explosions de la joie populaire qui rayonnent comme des feux d'artifice au commencement des nuits méridionales. Je vous le dis encore, pour que vous le croyiez, l'été venu, c'est la nuit qu'il faut voir l'Andalousie.

LETTRE LIII.

SOMMAIRE.

Les approches de Grenade.— Souvenirs des fêtes et de l'élégance des Maures. — Attente trop vive pour n'être point trompée. — Histoires romanesques. — Récit du voyage de Malaga à Loxa.— Crépuscule du matin. — Paysage grandiose. — L'été attriste ici la nature comme l'hiver la dépouille chez nous. — Effet de la chaleur sur le sol. — Transparence de l'air au point du jour. — On distingue le mont des Singes à quarante lieues. — Description détaillée de la moisson. — Souvenirs des mœurs antiques. — Aspect pittoresque d'une aire en plein champ. — Les moissonneurs. — Chaleur des ravins desséchés. — La venta d'Alfarnate. — Une histoire de brigands. — Magnanimité du chef. — Sa justice souveraine trop expéditive. — Autre histoire. — Cruauté du même chef. — Mort d'une jeune fille dont le père devient fou. — Description du col d'Alfarnate. — Changement d'aspect. — Végétation de la Vega. — Pressentiment des beautés de Grenade. — Description de Loxa. — Voyage d'un Espagnol en 1774. — Il ne parle que des antiquités romaines. — Petit rocher couvert d'habitations qui s'élève au milieu même de la ville de Loxa. — Superbe cascade du Xenil, dont personne n'a parlé. — L'auberge de Loxa. — Elle est tenue par un horloger. — Impatience du voyageur arrêté pour la nuit à huit lieues de Grenade.

A MISS BOWLES.

Loxa, ce 27 juin 1831.

J'APPROCHE de Grenade, un des lieux du monde où l'on s'est transporté le plus souvent en imagination. Grenade, cette capitale du peuple des Mille et une Nuits, m'apparaît déjà dans toute sa splendeur. Je vois les fêtes de ces hommes ingénieux et brillants, j'admire l'élégance de l'Orient, dont ils ont apporté les premiers modèles à l'Europe chrétienne, qui modifie si bien ce qu'elle copie, et je me dis : C'est ici qu'au milieu d'un monde effrayant d'austérité, d'un monde où tout inspirait la tristesse chrétienne, un peuple voluptueux est venu s'installer pour briller entre tous les peuples par son courage, ses passions, sa science, ses arts, son intelligence du plaisir, par sa galanterie, par son amour pour tout ce qui peut embellir la vie. Quel contraste!

L'histoire des Maures en Espagne me paraît tenir, dans celle de l'Europe au moyen âge, la place de l'épisode d'Armide dans le poëme du Tasse. Le bon Dieu a voulu se distraire une fois des vertus de son peuple. Aussi braves que les chrétiens, moins détachés des choses du monde, les Arabes ont égayé les pays qu'ils ont conquis. Dans ces temps-là, inviter les hommes au plaisir, c'était les civiliser.

En avançant vers Grenade je ne puis me défendre d'une impatience dont la vivacité nuit inévitablement à l'impression des plus beaux lieux. Rien ne saurait répondre à une telle attente. Mais ma raison est vaincue, ou plutôt elle n'a pas résisté. Je ne vis que pour arriver à cette ville romantique, où tout était poésie jusqu'à son nom, qui vient, dit-on, d'un fruit de son territoire, parce qu'avec l'aspérité du sol sur lequel elle est construite, avec ses palais bâtis sur diverses collines, ses mosquées et leurs aiguilles, ses vallées de maisons traversées par des fleuves d'eaux vives et bienfaisantes, elle ressemblait à une grenade entr'ouverte et prête à verser ses graines et son suc rafraîchissant.

Depuis que je m'achemine vers cette fameuse Vega, baignée de tant de sang, vers ces forteresses de marbre si souvent prises et reprises, je ne vois plus que des chevaliers infidèles et dont la courtoisie a pourtant surpassé la délicatesse des chrétiens; je vis dans leurs tournois, qui étaient des guerres, et dans leurs guerres, qui étaient des fêtes, et je repense le jour et la nuit à ces histoires, changées en romans par l'imagination des poëtes qui les racontent. J'assiége ces villes toutes décorées de petites colonnes et de murs brodés de marbre, supportant des plafonds de stucs coloriés et des charpentes de cèdres sculptées en forme de ruches renversées; habitations dont l'architecture est trop fantastique pour servir à des femmes et à des hommes comme ceux de tous les pays, et où l'on ne peut se figurer que dames et chevaliers qui font eux-mêmes décorations dans leurs palais.... Puis je me dis : A la place de cette population romantique et de ses monuments, chef-d'œuvre d'un luxe et d'un art capricieux, je vais trouver le Temps, assis sur des palais déserts qu'il achève de démolir en silence. Mais quelle solitude animée que celle où l'on découvre les ruines de l'Alhambra !.... Cette terre bénie des mécréants a des voix qui ne ressemblent à nulle autre voix ! Demain je les interrogerai dans la poussière de leur sépulcre ces morts qui vécurent si glorieusement, et moururent avec la sérénité de leur croyance toute sensuelle !

Voilà ce qui m'attend à Grenade la belle !... ou plutôt à son tombeau, où je viens de bien loin faire mon pèlerinage poétique... Mais c'est assez rêver, il est temps de raconter.

Nous sommes partis ce matin, ou plutôt la nuit dernière, de Malaga, vers deux heures, dans une grande berline du temps de Philippe V de Bourbon, traînée, non par huit, mais par quatre mules. Nous avons retrouvé une route praticable en voiture pour aller à Grenade ; c'est celle de Loxa ; et nous l'avons préférée, à cause de cette facilité, au chemin de Velez de Malaga, que je crois plus pittoresque ; mais la mortelle chaleur qui nous poursuit est plus forte que ma curiosité ; certes c'est beaucoup dire ! Je me sentais souffrant, et je craignais que de violents efforts ne me rendissent malade.

En quittant l'auberge de Malaga, nous n'eûmes garde de négliger la précaution de rigueur que nous avait expressément recommandée notre voiturier. Nous parlâmes *finement* entre nous de la course que nous allions faire, et ces discours interrompus avec affectation avaient pour but de persuader à nos hôtes et aux garçons de la maison que nous prenions la route d'Antequera au lieu de celle de Grenade. J'ignore jusqu'à quel point cette ruse banale est efficace, mais les guides y attachent toujours la plus grande importance. Nous nous serions reproché de les contrarier sur un point où l'obéissance nous paraissait sans inconvénient, tandis que la résistance pouvait avoir des suites fâcheuses.

Quand nous montâmes en voiture, il faisait un clair de lune cendré ; le ciel, quoique sans nuages, était comme couvert de poussière, l'air était lourd et sourd et chaud à effrayer : un peu plus, me disais-je, et nous étoufferons. Le plus est venu ;.... nous vivons encore !... L'imagination fait dans les souffrances du corps l'office de l'opposition dans la constitution du pays : elle grossit le mal et ses prévisions vont toujours plus loin que le fait.

Peu de paysages m'ont paru aussi grands que la vue de la baie de Malaga au lever du soleil. A ce moment nous atteignions le sommet de la montagne sur les pentes de laquelle on a taillé les rampes de la nouvelle route de Grenade. Que ces rochers calcinés sont tristes dans leur stérile beauté!!... Ici la nature est dépouillée par les étés autant qu'elle l'est chez nous par l'hiver le plus rude. Dans les ravins desséchés reste un sable qui rend étincelant l'ancien lit des torrents. Le creux le plus rétréci des vallées intérieures, les fentes sinueuses des rocs exhalent une chaleur semblable aux flammes qui sortent d'un four allumé : les pans de roches qui forment les escarpements des torrents mis à sec brillent d'un insupportable éclat. Le mirage du soleil qui se lève et frappe sur le marbre vous poursuit partout; le repos n'est plus sous le ciel, il n'est pas non plus sous la terre, car l'ombre même des cavernes est ardente; la campagne n'est qu'une arène couleur d'or bruni, où pendant cinq mois la lumière et le feu détruisent la vie jusque dans son principe. Au-delà de cette terre désolée, mes yeux cherchaient la mer. Je l'aperçus avec effroi plus azurée, plus brillante que le ciel purifié par l'aurore, tandis que la terre exhalait des tourbillons de chaleur qui nous préparaient pour ce soir un orage sec, espèce d'ouragan bien connu des Espagnols ; ils le désignent par le nom de *tempesta d'aire* : tempête d'air. C'est de tous les phénomènes du ciel en été le plus redoutable : la chaleur semble croître par la vitesse du vent; et plus ce souffle de feu est violent, plus la respiration de l'homme devient difficile. Cette journée, surtout la soirée qui vient de la terminer, m'a rendu malade.

L'air est devenu si transparent pour un moment avant le point du jour, que pendant une demi-heure j'ai pu distinguer les côtes d'Afrique à *quarante lieues* de distance. J'ai reconnu en Barbarie le mont des Singes, voisin du détroit de Gibraltar. Mes yeux, malades d'éblouissement, se fermaient, demandaient grâce à la lumière, et cherchaient en vain des bornes et de l'ombre dans l'espace illuminé.

En nous retournant vers l'intérieur du pays, nous apercevions de distance en distance des groupes de moissonneurs plus brûlés que la terre; ils achèvent l'œuvre du soleil; ils dépouillent les flancs de la montagne de ses derniers vêtements : la terre reste à nu pour six mois sous les coups de la faucille et sous les feux redoublés du ciel. Malgré la désolation du pays pendant les mois brûlants de l'année, rien n'est plus intéressant pour le voyageur que le spectacle de la moisson dans les provinces méridionales de l'Espagne. Ces tableaux me paraissent si curieux qu'ils me consolent de tout ce que je souffre pour avoir voulu les aller voir. Ce sont des scènes du monde primitif, où tout est simple, noble comme la Bible. On est en Orient au temps des patriarches. A mesure que la terre rasée perd sa parure, de distance en distance on voit s'élever dans les plaines et sur le penchant des collines d'immenses monceaux de gerbes apportées à dos de bêtes, pour former de place en place des dépôts provisoires. Près de ces granges découvertes on dispose l'aire où se bat le blé : ce sont des parties de terrain également découvertes, mais nivelées et durcies avec soin. Ces aires primitives forment de grands cercles au milieu des guérets ; c'est là qu'on apporte les gerbes à mesure qu'on moissonne ; le grain y est séparé de la paille sous les pieds des chevaux, méthode la plus anciennement usitée pour recueillir le froment, l'orge et le seigle. Ce travail se fait par trois ou quatre mules attelées à une planche qui forme comme le siége de derrière d'un char-à-banc : cette espèce de chaise est fixée sur deux brancards qui glissent dans la paille comme les branches d'un traîneau dans la neige : un enfant, un homme, quelquefois une gracieuse jeune fille, debout sur ces barres de bois, conduisent les mules en les faisant tourner pittoresquement autour de l'aire, et cette promenade dure tant qu'on croit que l'épi n'est pas entièrement vide. A la fin d'une journée ainsi occupée, on voit des montagnes de blé s'amonceler près de ces granges volantes.

Après l'ouvrage, les travailleurs brûlent les brins de paille inutiles ; ces feux de joie accroissent l'impression de la chaleur; les figures qui entourent le foyer brillent de l'éclat de la flamme reflété sur elles, et des groupes joyeux chantent et dansent follement en dispersant la poussière et la cendre dont les tourbillons s'élèvent dans les airs avec des nuages de fumée et des cris de joie qui l'accompagnent jusqu'au ciel. Les jeunes hommes et les jeunes filles, entourés de figures de vieillards et de femmes, apparaissent à travers ce brouillard poétique comme des ombres à demi cachées derrière des voiles dorés et dans des gloires diaphanes! Que je suis loin d'Ossian et de ses Écossais! et pourtant que je suis près de la poésie! m'écriai-je en contemplant ce spectacle!!! Il est d'un effet bien nouveau pour les hommes du Nord, mais bien pittoresque.

Mais quand on s'éloigne des pentes fertiles où se jouent ces pastorales, et qu'on s'enfonce à travers les rochers déserts dans le creux de quelque défilé, la chaleur augmente, la pierre renvoie un souffle de feu à l'homme percé des dards du soleil : le malheureux s'inquiète, sa poitrine se gonfle, ses yeux sortent de leur orbite et regardent sans voir; il aspire avec peine et respire sans avoir trouvé l'air dont il est altéré. Il est près de suffoquer, il est dans le gouffre de l'enfer, dont il sent le feu sans le voir; épouvanté, haletant, il cherche autour de lui la vie qui lui échappe, mais tout est mort au dehors comme au dedans. Tandis que la fièvre le dévore, il aperçoit par moment entre deux rochers les sommets éternellement blancs des montagnes de Grenade, où la neige ne fond que par places. Cette vue l'irrite et n'éteint pas sa soif, puisqu'il ne peut atteindre l'eau du glacier : quelquefois l'aigle blanc de la Sierra-Nevada s'abat près de lui, sur un roc, et regarde sans crainte passer ce voyageur, étonné du voisinage et de l'intrépide tranquillité de ce roi de l'air et de toutes les solitudes!

Devant de tels tableaux j'oublie mes souffrances, et je me dis : Que je suis heureux d'être venu jusqu'ici!

Après neuf heures de marche continue et aussi pénible pour les bêtes que pour les hommes, on arrive à la venta d'Alfarnate, où l'on trouve les désagréments inhérents à ces sortes d'auberges. Néanmoins, il y a dans celle-ci des visages humains et des gens de bonne humeur.

Ils m'ont mené à deux portées de fusil de leur maison pour me montrer la place où une grande dame espagnole fut arrêtée il y a quelques semaines, par une bande de *rateros* et sauvée par José Maria. C'est probablement la dernière fois que le nom de ce héros de la caverne reviendra dans mes récits, puisque, passé Grenade, je ne serai plus dans le rayon de sa gloire; mais le trait que vous allez lire mérite d'être cité.

La dame voyageait en voiture avec toute sa maison et beaucoup d'argent, elle se rendait de Malaga à Antequerra. En quittant la venta, elle est arrêtée et entièrement dépouillée par une troupe de voleurs. Après l'avoir dévalisée *malhonnêtement*, au point de ne lui laisser que les hardes qu'elle avait sur elle, ses chevaux et sa voiture, ils lui permirent ensuite de continuer sa route. Le chef de ces bandits lui dit en la quittant brusquement : Si l'on vous demande qui vous a volée, vous répondrez que c'est José Maria!

A une lieue de là, cette pauvre dame rencontre les gens de José Maria qui s'approchent de sa voiture, et lui demandent, avec toutes les formes de la politesse chevaleresque des vieux Espagnols, de lui remettre sa bourse. — Il n'est plus temps, répond la dame, José Maria vient de me la prendre, ainsi que tout mon bagage. — José Maria ne prend pas le bagage des dames, s'écrie le noble brigand : un coup de sifflet se fait entendre! le chef paraît, monté sur un cheval andaloux : cette fois c'est le vrai José Maria : devinant à l'instant la fraude, il retient la dame près de lui pendant qu'il envoie des détachements de ses gens en diverses directions à la poursuite des faux braves, dont les turpitudes déshonorent son nom. Plusieurs heures se passent dans l'attente, enfin on amène une partie des voleurs bâtards des *rateros* avec le bagage entier de la dame.

José Maria fait approcher le chef de ces misérables, le confronte avec la voyageuse, plus morte que vive, et demande à celle-ci de dire avec sincérité si elle reconnaît cet homme ; il y va de la vie de la malheureuse. — Elle répond qu'elle le reconnaît! — S'il est vrai qu'il lui ait dit qu'il s'appelait José Maria? — La dame hésite ; cependant la frayeur et la vérité l'emportent ; d'une voix tremblante elle répond encore : Oui. — Elle veut ajouter quelques mots.

Le brigand souverain n'écoute rien ; sans autre forme de procès, il fait placer le coupable hors de la vue de l'étrangère, et le tue d'un coup d'escopette à quelques pas de cette dame.

Il fait aussitôt rendre à la malheureuse tous ses effets, refuse fièrement la rétribution qu'elle lui offre en témoignage de sa reconnaissance, et pousse l'orgueil des scrupules jusqu'à lui faire remettre la dernière pièce de monnaie qu'on avait enlevée à l'un des gens de sa suite. Il ne s'en tient pas à cette restitution, il choisit parmi sa troupe des hommes d'élite, auxquels il ordonne d'escorter gratuitement jusqu'à la porte d'Antequerra la voyageuse, dont la surprise égalait au moins la frayeur, et il ajoute en s'éloignant que, s'ils acceptent la plus légère récompense, ils auront le sort du chef des rateros.

Ce fait, d'autant plus vrai qu'il est plus romanesque, vient de m'être confirmé par le maître de poste de Loxa, qui me l'a raconté dans les mêmes termes, avec toutes les circonstances que je vous ai rapportées. Ce pays est celui des histoires incroyables; pourtant, malgré l'exagération naturelle aux Espagnols, je crois à celle-ci, par la raison que je viens de vous dire : elle m'a été contée deux fois de la même manière, ce que je n'ai jamais vu arriver aux histoires inventées ou amplifiées.

Voici un autre fait moins honorable pour notre criminel héros. Malheureusement il est aussi vrai et bien plus vraisemblable que l'autre.

Il y a quelque temps que José Maria rencontra aux environs d'Antequerra un officier espagnol qui voyageait seul avec sa fille, jeune personne de dix-sept ans, charmante, dit-on, à tous égards. Le brigand n'était pas ce jour-là disposé à la générosité. L'officier, dans un accès de fureur irréfléchi, avait commencé par l'irriter en essayant la résistance, et pour comble de folie en l'accablant d'injures. José Maria, pour toute réponse, dépouille les deux voyageurs : il leur enlève leur bagage entier, leurs montures, enfin tout, puis il les laisse aller.

Les malheureux n'avaient pas encore marché un quart d'heure, déplorant tous deux leur mésaventure, qu'ils virent retourner sur leurs traces le même José Maria, courant à bride abattue. En un instant ce terrible ennemi les atteint : la bête féroce dit qu'il s'est souvenu des bagues que la demoiselle porte à ses doigts. Elles ont peu de valeur, répond la jeune fille, et j'y tiens : ce sont des souvenirs. José Maria insiste : il veut les avoir. Le père désarmé reste cette fois spectateur silencieux, tandis que la jeune fille s'apprête à donner sans nouvelle contestation les bijoux qu'on lui demande. Mais ses mains, enflées par la chaleur du jour et la fatigue d'une fuite trop rapide en plein soleil, ne lui permettent pas de les retirer assez promptement. Pendant qu'elle s'efforce d'obéir, le bandit aperçoit un long convoi de voyageurs sortant d'un défilé ; il voit ce cortége précédé d'une escorte assez nombreuse et bien armée. José Maria était revenu là seul, par conséquent il sent qu'il faut fuir... mais non sans avoir les bagues. Impatienté de la lenteur de la malheureuse, il s'approche d'elle, tire sa *navaja*, grand couteau espagnol long et toujours bien effilé, lui coupe deux doigts, et la laisse baignée dans son sang. Peu d'heures après cet événement elle était morte de ses blessures, malgré les prompts secours qu'on lui donna dans la ville d'Antequerra, où elle fut portée : le père est devenu fou.

S'il avait sa raison, et qu'il l'employât à se venger du véritable auteur de son désespoir, ce n'est point contre José Maria qu'il tournerait d'abord son poignard. Quand on pense que ce chef de brigands a déjà été pris plus d'une fois, et que les gens de la justice l'ont toujours lâché pour son argent, ces infidèles défenseurs du bon ordre ne paraissent-ils pas plus coupables que le bandit, qui du moins fait son métier? Que le ciel épargne cette réflexion au père de la victime dans ses moments lucides!... et que l'Espagne échappe à la ruine que lui préparent des hommes qui l'administrent à la manière des pachas de Turquie.

Nous avons laissé passer les heures les plus brûlantes du jour, couchés dans la venta d'Alfarnate, sur les coussins de notre berline, puis une seconde marche de cinq heures nous a conduits à Loxa.

Au moment où l'on vient de traverser le col, en

espagnol el puerto d'Alfarnate, la scène change comme par magie : c'est l'air de la *Vega* (de la plaine) de Grenade qu'on respire. C'est le paradis de l'Espagne dont on vient de dépasser la limite ; déjà les oliviers recommencent, on a traversé le désert, on voit renaître une terre bénie. On est récompensé de tout ce qu'on a souffert, c'est comme la résurrection promise aux âmes ferventes. Déjà des ruisseaux murmurent sous les figuiers chargés de fruits, sous les pistachiers, sous les galeries naturelles, formées par les vignes de la grosse et de la petite espèce, sous les allées de mûriers, entrelacées de festons de coloquintes et de clématites sauvages, qui dérobent aux regards le cours de l'eau, dont on entend la fuite sans l'apercevoir, tant la végétation devient épaisse et puissante aussitôt qu'on descend le versant de la montagne qui regarde Grenade ! Partout la terre produit ; l'air même change de nature, il s'adoucit et se parfume. C'est l'air de la Vega, l'air du paradis des Maures, de l'Eden des chrétiens d'Occident, c'est l'air qui passe avec l'eau du Xenil à travers les bosquets de la plaine embaumée. Le Xenil, vous le savez, est le fleuve de Grenade, de cette Rome de la chevalerie, de cette capitale du monde romantique, aussi glorieuse de ses ruines que la Rome du monde chrétien est indifférente à ses désastres. Je commence à espérer que j'y arriverai demain sans accident. En partant de Loxa, je tâcherai de fermer les yeux jusqu'à l'endroit de la route où l'on me dira : Voici Grenade.

Loxa est une petite ville assez pittoresque ; elle a des prétentions à l'antiquité fondée sur une inscription latine qui fut trouvée dans l'église principale de la ville. Ce fait est raconté dans un ancien manuscrit sans nom d'auteur. L'inscription prouvait que Loxa est le Lacibis des Romains [1].

Cette lettre de noblesse à moitié déchirée m'intéresse moins que la fraîcheur et l'abondance des eaux, qui font le charme du pays où nous entrons. Il paraît que les habitants de la Vega de Grenade ne partagent pas l'aversion des autres Espagnols pour les arbres. Les environs de Loxa sont un vrai jardin, une forêt coupée de clairières, où coulent des ruisseaux rapides et vivifiants comme les torrents des Alpes, s'ils baignaient une terre fécondée par le soleil d'Afrique : ce mélange si rare de neige, d'eau et de feu produit des miracles de végétation : on ne sait où l'on est!...

[1] Voyez le *Voyage topographique de Grenade à Lisbonne*, par Anastase Francos, Grenade, 1774, livre écrit en espagnol, et qui est assez curieux par les recherches de l'auteur sur les antiquités classiques du pays, les seules qui à cette époque parussent mériter quelque attention.

Un petit rocher, tout bâti, tant la pierre naturelle est cachée sous des ruches de maisons, s'élève au milieu de la ville, où il produit un effet singulier; la vallée de Loxa est étroite, mais la végétation en fait le séjour des fées, ce jardin enchanté aboutit d'un côté au port de la Sierra d'Alfarnate d'où je viens, de l'autre à une cascade dont personne ne parle, ni Laborde, ni les Espagnols. C'est le Xenil de Grenade qui se précipite d'une grande hauteur dans un gouffre, où il tombe entre des buissons de fleurs et des arbustes aux mille couleurs, aux parfums variés comme leurs formes et les nuances de leur feuillage. Ces nuances de la végétation méridionale sont plus multipliées que les teintes de la verdure de nos pays : ici les productions du sol ont tous les tons, depuis le gris bleuâtre de l'aloès, le vert du fenouil, presque blanc tant il est pâle, le céladon du cactus épineux, jusqu'au ton le plus foncé, le plus frais des caroubiers, des sureaux, des figuiers, des pampres, des pistachiers et des orangers.

L'auberge de Loxa est tenue par un horloger : l'aspect de cette maison me prouve qu'il nous sera impossible d'y fermer l'œil. On entend bruire les insectes, vous savez lesquels, dans la charpente du grenier qu'on m'assigne pour chambre, et sur le plancher les puces sautillent par milliers comme une pluie vivante, et qui rebondit sans cesse. Cette poussière animée fait peur. La puissance de la végétation s'étend ici jusqu'aux bêtes. Mais une seule crête de montagne me sépare de la Vega, et du haut de cette côte je verrai Grenade; cette pensée m'ôte l'envie de me coucher et même d'écrire. Adieu et à demain; à Grenade,.... à Grenade!...

LETTRE LIV.

SOMMAIRE.

Maladie grave éprouvée par le voyageur. — Nature du mal. — Le médecin espagnol. — Son portrait. — Encore les souvenirs du siècle de Louis XIV. — Conduite de ce docteur envers une dame anglaise logée dans le palais de l'Alhambra. — Apathie espagnole. — Ce que c'est que la convalescence d'une grande maladie sous ce climat. — État pire que la fièvre. — Tourment du voyageur condamné par ce mal à passer dix-neuf jours au pie l'Alhambra sans pouvoir y monter. — Ce qui a décidé la maladie. — Entrée à Grenade. — Surprise. — Fausse idée qu'on se fait de la solitude de Grenade. — Cette ville ressemble à une autre. — La comédie, l'Alameda, la foule. — Souffrances du voyageur pendant les jours où sa vie est en danger. — Son lit, sa chambre, son auberge. — État moral du malade. — Son régime. — Difficulté qu'il éprouve à se nourrir sainement. — Indifférence pour les grandes choses, importance des petites. — Bruit et danses dans la maison. — Le ménage espagnol est plus pittoresque que commode. — Les officiers anglais arrivés de Gibraltar. — Leur pronostic sur la maladie. — C'est surtout quand on est déclaré guéri qu'on souffre. — Suite de la lettre cinquante-quatrième. — Promenade dans Grenade. — Le Xenil et le Darro deux torrents qui traversent la ville. — Promenade appelée le Salon. — Récit de la dernière journée de route avant d'arriver à Grenade. — Départ de Loxa.

—La Vega.—Santa-Fé.—Vœu de la reine Isabelle de Castille. —Fondrière à la porte du village.—Première vue de Grenade.—Aspect du pays et de la ville.—Les trois collines.—L'Alhambra.—Apparence de ce palais vu de loin.—Sens moral de ce genre d'architecture.—Il est l'expression du caractère du peuple.—Les Arabes sont sensuels—Monuments de l'antiquité païenne, leur but, leur effet sur la terre qui les porte.—Le grandiose manque aux Arabes.—Les monuments mauresques sont les derniers chefs-d'œuvre de l'esclavage.—L'architecture d'Égypte amoindrie.—Tout voyageur devrait commencer par voir Grenade avant Séville.—Étonnement de l'auteur en approchant de Grenade.—Cette ville est plus gaie, plus animée que Madrid.—Pont Sébastiani.—Travaux des Français pendant la guerre d'occupation.—Beauté de la végétation sur la colline de l'Alhambra.—Promenade Saint-Pierre.—Vue de l'Alhambra prise de cette promenade.—La ville.—Les environs.—Couleur de la Vega.—Caractère des sites.—Tristesse qu'ils inspirent au voyageur—Doute philosophique.—La porte d'Elvire.—La rue Zacatin.—La place de Bivarrambla.—L'Alcazaria.—Écuries du roi Chico.—Tombeaux de Ferdinand le Catholique, de Philippe Ier, d'Isabelle de Castille, et de Jeanne la Folle.—La cathédrale.—Église des Hiéronimites avec le tombeau de Gonzalve de Cordoue.

A MONSIEUR LE COMTE DE SABRAN.

Grenade, 16 juillet 1831.

Vous m'avez demandé une lettre de Grenade le lendemain de mon arrivée dans cette ville; et voilà déjà plus de vingt jours que je vous la dois. J'ai cru un instant que je ne vous écrirais jamais. J'ai été à la mort d'une fièvre bilieuse continue..... Cette fièvre n'a duré que quatre jours; mais pendant les douze suivants elle menaçait à chaque instant de revenir; si elle fût revenue je serais parti. La maladie s'est terminée par une de ces dyssenteries d'Afrique, comme celle qui a emporté Belzoni et tant d'autres. Quand on a ce mal au degré où je l'ai eu il devient presque toujours mortel :

pendant les deux premiers jours il ne m'a pas laissé à la lettre dix minutes de repos. A la fin, je ne pouvais plus même m'asseoir dans mon lit, ce qui rendait la tâche de mon pauvre valet de chambre bien difficile. Cette crise a duré douze jours en diminuant graduellement depuis le troisième, sans que le médecin voulût consentir à rien faire pour la calmer; il disait toujours qu'il pouvait arrêter le mal, mais que s'il contrariait la nature je serais hydropique dans un mois.

Malgré sa prudence, ce docteur me paraît un vrai médecin de Molière. J'ai fait là un voyage d'un siècle et demi; et je me suis vu traité par Fagon; plutôt vieux que jeune, grave, important, affichant la science, ce docteur de Grenade se manque à lui-même en se refusant la grande perruque et la canne à pomme d'or. Il a du reste tant de réputation en Espagne, qu'une des plus grandes dames de la cour l'a fait venir à Madrid pour se faire soigner par lui : il a vu le roi, qui lui a donné des témoignages d'estime, et accordé des distinctions regardées comme flatteuses dans ce pays. Il a des ordres, il est membre des premières sociétés savantes; enfin s'il m'eût tué ou laissé mourir (ce qui pour moi revenait au même), je serais parti pour l'autre monde avec tous les honneurs de l'art et sans qu'on eût manqué envers moi à aucune des formalités médicales en vigueur du temps de Louis XIV. Du reste, quoique voisin de notre auberge, ce docteur ne venait pas me voir toutes les fois que je le demandais ; il ne se dérange qu'à ses heures : si on va le chercher pendant la sieste ou au milieu du sommeil de la nuit, on est à peu près sûr d'être refusé.

Une jeune dame anglaise, que nous avons connue à Séville, est venue passer l'été ici ; elle s'est logée avec son mari et ses enfants dans quelques-unes des salles les mieux conservées de l'Alhambra, maison de campagne unique dans le monde. Cette dame, qui a mal à la poitrine, éprouve parfois des accidents graves. Une nuit, il y a de cela trois ou quatre jours, elle eut un crachement de sang violent. Le mari envoie aussitôt chercher mon docteur, l'oracle de la faculté de Grenade. Ce grave personnage fait répondre qu'il ira le lendemain, et que pour tous les trésors du Pérou il ne monterait pas à l'Alhambra au milieu de la nuit.

Il faut, je crois, une demi-heure à pied pour aller de Grenade au palais des rois maures, par un chemin superbe et praticable en voiture.

Un des traits caractéristiques des Espagnols de toutes les classes, depuis le muletier jusqu'au roi, en passant par les aubergistes, les soldats et les médecins, c'est l'aversion de tout ce qui peut changer leurs habitudes. Il y a un peu de cette disposition routinière dans chaque peuple, mais ici elle domine.

J'ai eu à souffrir du caractère national de mon docteur, qui, du reste, m'intéresse par sa conversation. Il ne sait pas le français, mais j'ai appris assez d'espagnol pour causer, surtout avec les hommes d'esprit. Je me croyais même si habile, que le jour de mon arrivée à Grenade j'avais renvoyé à Madrid mon domestique interprète; imprudence dont je me suis repenti plus d'une fois avant ma convalescence.

Ce mot de *convalescence* est rassurant, n'est-ce pas? Mais savez-vous ce que c'est en ce pays que de se lever de son lit après seize jours, par une chaleur de vingt-six à vingt-huit degrés? On a le teint d'une momie, la maigreur d'un squelette, les joues serrées l'une contre l'autre à travers la bouche, les dents allongées d'un quart, les cheveux diminués des trois quarts, les yeux tellement enfoncés, qu'ils paraissent plus loin du visage que du crâne, la vue trouble, l'ouïe dure, et la tête et les jambes si faibles, que lorsqu'on essaie de marcher on voit noir devant ses yeux, la gorge se serre, le cœur palpite, les nausées recommencent, on perd connaissance, et l'on retombe sur sa chaise jusqu'à trois fois avant de pouvoir se tenir debout.

Voilà l'état où je suis depuis avant-hier. Cette *convalescence* m'a privé jusqu'à présent du plaisir tant souhaité de monter à l'Alhambra. L'Alhambra est pour moi la terre promise, et j'attache une idée superstitieuse à la première visite que j'y ferai. Il y a peu de jours que je croyais encore ne pouvoir jamais accomplir ce pèlerinage. Concevez-vous le tourment de passer dix-neuf jours à Grenade sans avoir vu l'Alhambra? Je l'ai aperçu de la route avant de passer la porte de cette ville, où nous sommes parvenus sans accident au moment du coucher du soleil. L'arrivée de Grenade par le chemin de Loxa m'a paru belle : c'est mon dernier souvenir de voyage.

J'avais déjà le germe de la maladie qui depuis m'a presque anéanti. La fatigue de la route, les nuits sans sommeil, terminées vers le matin par un assoupissement dont on est presque toujours réveillé en sursaut, la mauvaise nourriture, la chaleur, l'eau, et, je crois, la malédiction de la Bohémienne à la venta de Cartama, m'avaient enflammé le sang et dérangé l'équilibre des organes. Tous les soirs je me sentais un peu de fièvre; en arrivant à Grenade j'eus un frisson plus fort qu'à l'ordinaire. Voulant dissiper ce malaise, je m'efforçai de sortir de notre auberge; il était huit heures du soir; j'allai me promener sur la place de la Comédie : il y a une salle de spectacle à Grenade, il y a des rues très-peuplées, des boutiques approvisionnées de tout, un peuple animé, affairé; enfin il y a tout ce que je n'y venais pas chercher, c'est-à-dire tout ce qu'on trouve ailleurs. Cette ressemblance n'est pas le moindre sujet de surprise pour un voyageur romantique et ignorant comme moi par nature et par principe.

J'arrivais à Grenade sans avoir voulu m'avouer que, depuis la chute de Boabdil, cette ville avait suivi le sort du reste de l'Espagne, et qu'après avoir été repeuplée elle avait continué d'être habitée, civilisée, embellie par ses derniers conquérants. Des idées si simples ne m'étaient jamais entrées dans l'esprit. J'avais lu pourtant des guides et des voyages, où la population de la Grenade chrétienne est portée à 50 ou 60,000 habitants : ce chiffre m'était passé par la pensée sans y laisser une image nette : d'ailleurs 60,000 âmes dans une ville qui en avait eu quatre cents, ne m'empêchaient pas de me la figurer déserte; mais soit que l'enceinte, autrefois habitée, ait été resserrée, soit que toute la population se réunisse le soir aux environs de la Comédie et de l'Alameda, ma première surprise, en parcourant quelques rues de Grenade, a été d'y trouver de la foule : poursuivi de la fièvre, j'entrai dans un café, où je fis l'imprudence de demander une glace à la crème : elle était mauvaise ; je n'eus pas achevé de la prendre, que le frisson redoubla et qu'il me prit un grand mal de cœur ; le malaise causé par ces insupportables nausées, allait jusqu'à la syncope : elles n'ont pas cessé un moment pendant quatre jours.... quatre jours de mal de mer !... c'est une agonie prolongée. Me sentant près de me trouver mal au milieu du café, je n'eus que la force de retourner à mon auberge, en grelottant par vingt-huit degrés de chaleur, et de me coucher dans un lit que je n'ai quitté qu'au bout de seize jours.

Je vous laisse à penser si j'ai souffert moralement et physiquement pendant cette séance dans une chambre assez bonne, mais brûlante comme tout le pays, sur un matelas inégal comme un sac de noix, soutenu par un mauvais lit de sangle, où l'on a trouvé, la première fois que je me suis relevé, c'est-à-dire seize jours après ma première couchée, près de deux cents punaises. Ajoutez à ces désagréments, le tapage des maisons espagnoles, surtout des auberges, où l'on ne dort que le jour, et où l'on chante et danse toute la nuit : et vous me plaindrez d'avoir subi une telle épreuve, au lieu de jouir du plus grand plaisir que je m'étais promis dans ce voyage: celui de voir en détail Grenade la belle.

Cette foi ce ne sont pas les choses qui ont trompé l'attente du voyageur, c'est le voyageur qui manque aux merveilles du monde; il les regarde sans les voir, car la force de la curiosité elle-même l'abandonne; la curiosité est l'œil de l'esprit, et l'approche de la mort l'éteint en même temps que les yeux du corps; ou du moins elle dirige ailleurs son regard.

Dans l'état de marasme où je suis, on se sent humilié de son indifférence pour les plus grandes choses, autant que de l'importance qu'on met aux moindres.

Depuis que je mange, c'est ma soupe qui est la grande affaire du jour. Ce qu'on appelle en Espagne un bouillon léger, se fait avec du jambon, du cervelas, de l'ail, du piment et un peu de mouton. Cette soupe me brûle: on me met un pot au feu à part, mais non sans peine; un ménage espagnol est dénué de tous les ustensiles qui paraissent indispensables ailleurs. Rien de si difficile que de faire rôtir de la viande. Mon valet de chambre a pris une épée pour broche: une autre fois il a pendu un poulet à une ficelle.... et nous sommes au milieu de la ville de Grenade !! Les maîtres de la maison manquent de tout; mais ils se prêtent à tout; ce sont de bonnes gens : les jours où l'on me croyait à la mort, on faisait cesser les danses par bonté plusieurs fois pendant la nuit; mais le silence obtenu par ce mouvement de charité ne durait jamais plus d'un quart d'heure : au bout de ce temps, le naturel et le bruit revenaient au galop.

Vingt-cinq officiers anglais partis de Gibraltar, et voyageant ensemble pour leur plaisir, arrivèrent à Grenade le jour où j'étais le plus mal; nous connaissions plusieurs de ces messieurs, qui ne manquèrent pas d'ajouter à l'inquiétude de mon compagnon de voyage, en lui disant que dans cette saison personne ne revient de la maladie que j'avais, surtout quand on n'est pas traité par un médecin anglais. Le médecin espagnol, de son côté, ne cessait de nous répéter que la méthode des étrangers était mortelle dans les maladies du climat. Moi je sentais que je ne mourrais pas : mais c'est depuis que je suis déclaré guéri que je me crois mourant : quand on est tombé aussi bas, il serait plus facile de continuer à s'en aller que de revenir : l'effort de volonté nécessaire pour se refaire un corps et un esprit propres à cette lourde vie, est bien plus pénible que la courte résolution de mourir : c'est la différence d'une pente à descendre ou à remonter : pour remonter il faut d'abord se retenir à la moitié de la chute, et ce temps d'arrêt au-dessus du précipice est ce que je connais de plus affreux. Je repense avec terreur à ce qu'il m'a fallu souffrir pour ne pas me laisser mourir tout bonnement. Mais j'aime la vie, et ce sentiment donne du courage.

Mourir est une lâcheté : remarquez que je ne dis pas : se tuer ; le suicide exige toujours un genre de force.... impie;... mais se laisser mourir, c'est pure foiblesse!!.

Adieu ; je suis fatigué de cette longue lettre, écrite pourtant à trois reprises. Je vais encore rester deux ou trois jours à me soigner avant de pouvoir essayer la course de l'Alhambra ; jusque-là j'espère que j'aurai le temps de vous raconter mon entrée à Grenade, et notre passage à travers la Vega qui la sépare de Loxa.... Je [m'interromps, car je me sens fatigué !....

Suite de la lettre, 17 juillet 1831.

Je suis un peu mieux aujourd'hui, mais toujours bien faible, ce que vous comprendrez si vous vous souvenez du portrait que je vous ai fait de moi hier : cependant on m'a promené dans la ville, puis sur les bords du Xenil et du Darro, deux torrents nourris par la fonte des neiges qui découlent incessamment de la Sierra Nevada : l'un charrie de l'or, c'est le Darro : le Xenil charrie de l'argent. Ces deux métaux se tirent de l'eau en assez grande quantité; ils sont, dit-on, fort purs; la poétique imagination des Maures a rendu pour nous presque fabuleux les noms du Darro et du Xenil.

Les promenades de Grenade sont célèbres dans le monde entier par la beauté de la végétation et l'abondance des eaux, ainsi que par le soin avec lequel on les entretient. La plus belle se nomme *le Salon*; elle fait suite à l'Alameda : c'est un bois magnifique dans une vallée traversée par le Xenil, dont la couleur et la rapidité rappellent les torrents des Alpes.

Remarquez la direction des esprits en ce pays. Si la civilisation moderne était plus avancée à

Grenade, les habitants appelleraient leur promenade le désert, l'ermitage, ils l'ont nommée *le Salon*.

De cette promenade on a de superbes échappées de vue sur les cimes de la Sierra Nevada, qui, avec ses plaques et ses zones de neiges étincelantes au milieu des rochers noirs, ressemble à l'échine d'un animal monstrueux, qu'on aurait vêtu de peaux de tigre et de zèbre : cette apparition produit une nouvelle surprise à chaque pas qu'on fait autour de Grenade. Ce ne sont pas des glaciers, ce sont des inégalités du roc où la neige ne fond pas.

En venant de Loxa, nous avons admiré tout le jour cette chaîne de montagnes ; je n'ai pu en détourner mes regards qu'au moment où l'on nous a montré pour la première fois l'Alhambra.

Par une chaleur caniculaire, nous cheminions lentement au pas de nos mules à travers les terres fertiles de la Vega ; le sang arabe et chrétien s'est mêlé dans ces champs pour en faire le jardin de l'Espagne. Nulle terre n'a été si fécondée par la guerre : chaque pas de terrain disputé, perdu, regagné et reperdu mille fois, a coûté la vie à des bataillons entiers, dont les cendres nourrissent maintenant une végétation unique en Espagne. C'est beau, mais, quoi qu'on puisse dire, c'est triste.

Il semble que la terre souffre d'une richesse si chèrement achetée. Néanmoins, les arbres croissent en abondance; la fraîcheur nécessaire à leur vie est entretenue partout au moyen de ces irrigations savantes qu'on ne cesse d'admirer en parcourant ce pays; mais cette habile distribution des sources est plus agréable au cultivateur qu'au voyageur; car, en conduisant les ruisseaux partout, les paysans de la Vega n'ont aucun égard aux dégâts qu'ils occasionnent sur la route; ils l'inondent de place en place, et la rendent souvent impraticable, même en été : c'est ce que nous avons éprouvé. Nous avons traversé lentement, mais sans nous arrêter, le village de Santa-Fé, bâti par le roi Ferdinand IV, dit le Catholique, en mémoire de la conquête de Grenade, qui n'était pas encore terminée quand le village chrétien s'élevait. Il n'était alors qu'un poste avancé de l'armée des assiégeants.

Non loin de là, vers l'extrémité de la Vega, dont la longueur est de huit lieues et la largeur de quatre, le roi Ferdinand VII a doté d'une magnifique terre le duc de Wellington, commandant de l'armée de ses alliés les Anglais pendant la guerre de l'occupation.

En sortant de ce village historique nous tombâmes dans une des fondrières dont je viens de vous parler, et qui sont dues à la négligence intéressée des paysans de la Vega. Nous restâmes embourbés là longtemps comme au milieu de l'hiver, sans même pouvoir descendre de voiture, tant la fange qui nous environnait était profonde et s'étendait loin ; enfin, le secours de quelques passants nous fit sortir de cet abîme, que nous ne nous attendions guère à trouver sur notre chemin par la sécheresse et la chaleur qu'il fait : c'est du bord de ce trou, quand notre carrosse en fut retiré, que j'ai eu la première vue de l'Alhambra.

Je suis sorti de voiture pour voir mieux, et muni de mon parasol j'ai grimpé sur l'impériale. Grenade, l'Alhambra, c'étaient pour moi des noms du pays des fées. Le cœur me battait comme à Sinbad le marin, près de l'île aimantée ; rien ne peut répondre à une attente si vive, l'imagination m'avait usé Grenade bien avant que je pusse voir de mes yeux cette ville.

Grenade est bâtie à l'extrémité de la plaine, sur trois collines, dont l'une peut s'appeler une montagne ; c'est celle de l'Alhambra ; ce premier étage de rochers s'élève comme une estrade entre la fameuse Vega et la Sierra Nevada ; les trois collines sont séparées les unes des autres par des ruisseaux qui font torrents, par des précipices, par des maisons et des promenades qui ressemblent à des bois ; cet ensemble est d'un effet très-pittoresque. Sur chacune des trois collines on avait bâti une forteresse, la première et la moins élevée s'appelait Torres Hermeja, et le quartier qui l'entourait en s'unissant à la plaine se nommait l'Antequerela ; la seconde colline était l'Alhambra, palais forteresse, qui formait une ville à elle seule ; la troisième l'Albaycin ; ce château est tombé, les maisons d'alentour font encore un des quartiers de la ville actuelle ; le quatrième quartier s'appelait Grenade. Notre voiturier nous expliqua tout cela, et malgré l'horrible chaleur du jour, nous fîmes une table de l'impériale de notre vieille voiture, pour y poser nos livres, nos cartes et nos plans. Couchés sur cette table singulière, nous y restâmes longtemps en contemplation.

C'est dans ce village de Santa-Fé, bâti par la reine Isabelle, que cette courageuse femme fit vœu, selon quelques chroniqueurs, de ne pas changer de chemise avant la prise de Grenade.

De ce point, le palais de l'Alhambra ressemble à toute autre forteresse. La haute colline qui le porte domine Grenade. A la racine de ce mont s'étend la ville ; au sommet l'Alhambra, dont l'enceinte recouvre un grand plateau de montagne; l'intervalle qui sépare la ville basse des ruines de ce palais est rempli par un bosquet toujours vert, arrosé, dit-on, d'innombrables ruisseaux qui coulent à l'ombre et se précipitent en torrents vers la plaine. Nous n'étions qu'à trois lieues de cette promenade enchantée, que notre voiturier me décrivait avec orgueil. A cette distance elle me faisait l'effet d'une forêt ; ma pensée descendait des sommets zébrés de la Sierra Nevada dans ces retraites animées par la puissante magie de l'Orient; j'y trouvais toujours les fées et les génies. Mais l'extérieur du palais ne me paraissait qu'une suite de tours carrées en briques, rougies par le temps sous un soleil d'Afrique, et séparées ou plutôt réunies par de hautes murailles, à la manière de tous les autres édifices mauresques, qui, vus du dehors, m'ont donné l'idée de la guerre plutôt que celle de l'élégance et du plaisir.

Les ornements de ce genre d'architecture sont réservés pour l'intérieur : amoureux du mystère, l'Arabe dérobait aux regards de la foule, non-seulement ses amours, mais jusqu'aux prestiges de l'art qu'il employait à parer la solitude de ses retraites enchantées; il aurait craint d'afficher aux yeux de la foule le luxe de ses palais, asiles du demi-jour, des parfums magiques, de la musique, de la danse, et des plaisirs secrets; cacher sa vie, c'était l'instinct qui dominait ce peuple le plus adonné de tous aux voluptés physiques. Ce besoin du mystère me paraît un dernier hommage rendu à des plaisirs plus purs; tant de secret ne décèle-t-il pas un peu de honte?

Qu'il y a loin des ruines mauresques, des débris de tous ces alcazars, de ces palais forteresses, dont le sol de l'Espagne est hérissé, aux restes si nobles, si imposants des villes de l'antiquité païenne! La vue d'une seule colonne du Parthénon vous cause l'impression du grand; tandis qu'une galerie tout entière bâtie par les Maures, fût-elle longue d'une lieue, ne vous paraîtrait jamais plus grandiose qu'un charmant ouvrage en filigrane posé sur votre console; qu'importe que la matière soit du marbre? le résultat n'est jamais qu'une broderie. Les acropolis de la Grèce et de la Sicile, espèces d'alcazars antiques, les temples de Rome et de Pœstum, les aqueducs italiens, avaient des formes si belles, des lignes si pures, que tout détruits qu'ils sont, ils embellissent le désert que le temps a fait autour d'eux, et dans leur décadence sublime ils nous révèlent encore le génie des peuples destinés par la Providence à rendre sa vraie noblesse, sa vraie poésie à la race humaine. On voit l'œuvre d'hommes dont l'esprit s'était mis en communication avec le ciel, du moins par le sentiment du beau dans les arts, par le type éternel de la perfection dérobé au Créateur pour le rendre à la créature. Ici point de sublime!... rien que de l'esprit, et, selon l'expression d'un juge compétent : L'esprit sert à tout et ne suffit à rien *!

L'art chez les Arabes n'avait ni le sérieux des monuments grecs, ni l'élévation des ouvrages chrétiens; il est resté à part de toutes les autres productions humaines, pour montrer au monde jusqu'où l'homme peut arriver par la patience. Les plus beaux monuments mauresques sont les derniers chefs-d'œuvre de l'esclavage; c'est l'Egypte amoindrie. Les architectes grecs ornèrent le globe, les Maures embellissent un bloc de pierres : leur architecture est comme une cristallisation, grossière en dehors, précieuse en dedans. Je n'ai pas encore vu l'Alhambra ; mais, après Cordoue et Séville, je sais ce que je puis trouver en ce genre à Grenade.

* Ce mot est de M. de Talleyrand.

Si j'avais un voyageur à conseiller, je lui dirais : Descendez tout droit de Madrid à Grenade, vous verrez le reste après; mais commencez par ce qu'il y a de plus beau : il ne faut pas user son attention à examiner le médiocre. C'est le tort que j'ai eu; avant d'avoir admiré l'Alhambra je suis blasé sur les effets de l'architecture mauresque. C'est une surprise dont je me suis privé.

Plus nous approchions de Grenade, plus mon étonnement devenait grand : point de solitude, point de silence, point de majesté; une population riche, élégante, plus élégante que celle de Madrid; des hommes à cheval, des voitures; beaucoup de costumes français; des promenades uniques en Espagne par l'abondance et la rapidité des eaux qui les traversent; enfin, des monuments du séjour de l'armée française pendant la guerre de l'occupation : on me parlait d'un pont Sébastiani à l'extrémité de la plus belle promenade de la ville mauresque et de travaux français à l'Alhambra, où nos généraux ont fait, dit-on, dépaver la cour des Lions pour y planter des rosiers. Voilà ce que j'ai vu et ce dont j'ai eu l'esprit occupé en arrivant à Grenade. Dans mon inquiétude fébrile, j'ai couru d'abord à la promenade de l'Alameda, puis à celle du Salon, qui en est la suite : le Xenil y entretient une fraîcheur admirable; un torrent alpestre à cette latitude est une curiosité naturelle ; mais cette singularité même ôte à toute la contrée le cachet espagnol dont j'avais été frappé dans le reste de mon voyage. Des arbres de nos climats croissent au bord du Xenil, et jusque sur la colline de l'Alhambra ; végétation merveilleuse aux yeux des Andaloux, mais qui m'inspire peu d'admiration. Les sables de Tanger et quelques palmiers, si je les trouvais autour de Grenade, me feraient rêver davantage..... Cependant j'oublie que les pays ne sont pas arrangés pour l'imagination du voyageur qui doit se borner à les voir, et s'il est possible à les peindre tels qu'ils sont.

Après vingt-et-un jours, j'en suis à ma seconde tournée dans Grenade : je n'ai pas encore eu la force de monter à l'Alhambra. On m'a mené d'abord à la promenade Saint-Pierre; elle est à l'extrémité de la ville opposée à l'Alameda. C'est le Darro qui l'arrose et en fait l'ornement. Ce ruisseau, beaucoup moins rapide que le Xenil, coule au pied de la colline de l'Alhambra, dont la pente, extrêmement roide dans cette partie, est déchirée par plusieurs éboulements récents; des pans de murs et des restes de tours se sont écroulés ; mais bientôt les déchirures des ruines et de la montagne ont été recouvertes de plantes et d'arbres qui croissent dans les interstices des murailles et dans les crevasses des rochers ; on dirait que la nature s'empresse de déguiser les pertes de l'art. L'aspect de cette vallée obstruée de fleurs est pittoresque et ne ressemble à rien de ce qu'on peut voir ailleurs.

La ville est grande, elle s'étend en partie dans la plaine, en partie sur les hautes collines dont je vous ai parlé, et qui lui donnent un aspect original. Des couvents, des chapelles ornent le sommet des plus hauts coteaux, et contribuent à donner aux paysages de Grenade un caractère plus arrêté que celui des sites d'une grande partie de l'Andalousie. En général, l'aspect de cette contrée, excepté dans l'intérieur des plus hautes montagnes, a quelque chose de vague, de grandiose, qui la rend plus poétique que pittoresque. Les paysages y parlent à l'âme plus qu'aux yeux, et les tableaux qu'on y admire brillent par l'éclat et la richesse de la couleur plus que par la variété et la netteté des objets. Les environs de Grenade réunissent les deux caractères. On y trouve la lumière du Midi et la végétation du Nord. Toutes les fois que vous sortez de la ville ou que vous montez sur quelqu'éminence, sur quelque tour élevée, vous apercevez avec intérêt les campagnes environnantes; le ton des champs poudreux de la Vega, toute tachetée de bouquets d'arbres gris dans cette saison, malgré l'eau qui les nourrit, se perd dans les teintes violettes des derniers lointains terminés par des contours de montagnes d'une forme et d'une couleur merveilleuses. C'est bien là le paysage andaloux dans son majestueux dédain de tout ce qui fait tableau ailleurs : on admire, mais on ne sait pourquoi; on se demande ce qu'on voit. Le ciel et la terre ne sont point séparés; les teintes des nuages descendent sur les monts qui, par leurs formes pompeuses, par leurs couleurs diaprées, font la continuation de la voûte du ciel; la poudre de la plaine se confond avec les vapeurs de l'air, l'éclat doré du jour pénètre jusque dans l'obscurité des cavernes. Il n'y a pas un coin d'ombre sans clarté, tant la lumière est riche, tant la puissance du soleil déborde obstinément jusque dans le fond des ténèbres; ce sont des compositions de Salvator Rose coloriées par Rembrandt. Paysages merveilleux, dont on sent la beauté sans pouvoir l'exprimer; plus on est frappé d'admiration, plus la parole vous manque : il y a des moments où l'on n'éprouve que la fatigue du plaisir, alors la beauté de la nature terrasse l'homme..... Et pourquoi cette lutte? Quelle destinée non accomplie nous est révélée par la tristesse de l'âme en présence de certains sites plus grands, plus sublimes que d'autres? Quel regret, quel remords poursuit incessamment l'homme prisonnier sur la terre? Pouvait-il faire autrement qu'il n'a fait? Et s'il le pouvait, qui donc a borné sa liberté? Quelque loin qu'on remonte dans l'histoire, dans la philosophie, on n'arrive jamais au point où l'homme a choisi sa route..... S'il s'est toujours laissé conduire, d'où vient son inquiétude? Dans la fable symbolique d'Eden, Dieu même est le provocateur, puisqu'il permet au serpent de tenter la femme et l'homme par elle : triste condition que celle d'un être qui subit à la fois tous les inconvénients de la force et tous ceux de la faiblesse!!...

Malheur!... malheur!... malheur!... J'entends toujours ces mots prononcés d'une voix creuse par la Bohémienne de la venta près de Malaga. Le souvenir de cette rencontre m'a poursuivi tout le temps de la maladie dont je suis à peine relevé....

Ce soir j'ai traversé la fameuse porte d'Elvire, dont le nom revient à chaque ligne dans l'histoire de Grenade. C'est un des plus grands arcs mauresques qui existe : il est parfaitement bien conservé. Nous avons été voir ensuite la place de Bivarrambla, théâtre de toutes les fêtes de la Grenade chevaleresque ; puis la place neuve, très-fameuse aussi. Enfin nous avons parcouru la rue Zacatin, qui est restée telle qu'elle était du temps des Maures.

On y voit l'Alcazaria, espèce de bazar où sont encore aujourd'hui les plus belles boutiques de Grenade.

La ville moderne est pleine de maisons bâties par les Maures. Sur la route de l'Alhambra on trouve les écuries du roi Chico, nom donné par le peuple à Boabdil, à cause de la petite taille de ce prince. Ailleurs on voit des bâtiments dont la destination primitive est ignorée de nos jours et que chacun baptise selon sa fantaisie. Il y a aussi une mosquée changée en église. La cathédrale renferme les tombeaux des rois Ferdinand le Catholique et Philippe Ier, et ceux des reines leurs épouses, Isabelle de Castille et Jeanne la Folle, mère de Charles-Quint. L'église des Hiéronimites possède aussi un monument intéressant, le tombeau de Gonzalve de Cordoue, dit le grand capitaine. Tous ces souvenirs vous inondent d'un genre de tristesse différent de la tristesse de la nature, et quand on est aussi faible que je le suis encore, on rentre chez soi accablé d'admiration.

Demain, au point du jour, je monte à cheval pour aller voir l'Alhambra.

LETTRE LV.

SOMMAIRE.

Course de l'Alhambra. — Je la fais à cheval. — Aspect de la colline. — Route tournante. — Jardin qui ressemble à un bois. — Jets d'eau dans la forêt. — Ils retombent en ruisseaux. — Arbres des pays du Nord. — Ils prospèrent sur ce coteau. — Nature analogue à celle des odes d'Horace. — Mélange d'art et de nature. — Caractère particulier de cette promenade. — L'art de l'irrigation fait admirer et regretter les Maures. — Vues lointaines. — La Sierra Nevada. — Son aspect particulier. — Ce serait invraisemblable dans un tableau. — Mot du dernier ambassadeur des Maures auprès du roi d'Espagne Charles III. — Prière des Arabes de la côte. — Porte du Jugement. — La main et la clef. — Sens de cet hiéroglyphe. — Idée que les Maures attachaient à ces signes. — Les murailles leur servaient de livres comme aux Égyptiens. — La clef est en vénération chez les Maures comme la croix chez les chrétiens. — Étymologie du nom de Gibraltar. — Coutume de l'Asie où l'on rend la justice à la porte des villes. — Diverses significations du signe de la main. — L'horoscope. — Préservatif contre *le mauvais œil*. — Symbole de la foi musulmane. — Cour des citernes. — Palais de Charles-Quint. — Sa forme, style de son architecture. — Ruse de l'empereur pour extorquer aux Sarrasins l'argent nécessaire à la construction de ce palais. — Exagération des voyageurs. — Mensonges volontaires et involontaires des faiseurs de descriptions et des peintres. — Ce que l'auteur croit la vérité. — L'Alhambra n'est que joli. — Mal que cause aux voyageurs la fausse admiration de leurs prédécesseurs. — De l'esprit sans génie : voilà ce que l'auteur trouve dans l'architecture mauresque.—Supériorité de l'art chez les Grecs et chez les chrétiens.—L'architecture arabe est une cristallisation. —Discordance du dedans et du dehors.—L'esprit du sérail se reconnaît dans le génie qui a présidé à la construction de ces monuments.—On comprend que le croissant ait fini par tomber devant la croix.—Comparaison des divers monuments d'architecture chez les principaux peuples de la terre.—Les monuments grecs ornaient le monde.—Les architectes arabes enjolivent des alcoves.—Population de Grenade sous les Maures.—Cour des bains.—Les portiques.—Tour de Comarès.—Inscription.—Salle des ambassadeurs.—Vues qu'on a des ouvertures de cette salle.—L'amour, nécessaire au voyageur qui veut bien voir ce lieu.—Compensations accordées à chaque âge.—Ce n'est pas Dieu qui est visible dans ce séjour, c'est le peuple des génies.—Appartements de la reine et du roi.—Toccador.—Salles ornées par des écoliers de Michel-Ange.—Contradiction entre le grand style italien et le goût efféminé des Maures.—La cour des Lions.—Son mérite.—Ses dimensions.—Désappointement.—Corps avancé.—Architecture de confiseur.—Les lions de la fontaine.—Souvenirs des Abencerrages.—Comment les Français ont gâté cette cour.—L'architecture mauresque est de la végétation pétrifiée.—Ancienne corniche du cloître de cette cour. —Barbarie d'un gouverneur espagnol.—Profanation de Charles-Quint.—Enceinte extérieure de l'Alhambra.—Ensemble des ruines.—Terrains vagues.—Points de vue à travers les murs tombés.—Le gardien du palais.—Humeur peu obligeante des Espagnols.—D'où vient leur manque de complaisance pour les étrangers.—Explication du voyageur.—Sa faiblesse.—Sa figure de mort effraie le gardien.—Les Anglais logés dans les ruines de l'Alhambra.—Ils nous donnent l'hospitalité.—Souvenir du voyage de M. de Forbin en Égypte.—Trait d'amour maternel d'une Anglaise.—Les enfants anglais adressés à un banquier.

— Ils voyagent dans une charrette sans leurs parents. — Excursion au Généralif. — Beauté des sites. — Végétation. — Vue de l'Alhambra. — Intérieur du Généralif. — Nature fantastique. — État de l'âme d'un convalescent favorable aux impressions de la nature. — Défaut de la manière de l'auteur. — Jardins du Généralif. — Cyprès de la sultane. — Eaux du jardin. — Caractère particulier de ce lieu changé en cimetière. — Arbre de la femme du roi Boabdil. — Singulier cours d'eau. — Pourquoi le voyageur préfère le Généralif à l'Alhambra. — Coucher du soleil. — Description du paysage au moment où la nuit vient.

A MADAME

LA DUCHESSE D'ABRANTÈS.

Grenade, 18 juillet 1831.

AUJOURD'HUI, dès cinq heures, par une matinée claire et fraîche, je suis parti sur un cheval dont l'allure est plus douce que le mouvement d'aucune voiture du pays, et nous avons commencé à monter, mon compagnon de voyage et moi, la colline de l'Alhambra; on arrive à ce palais par une promenade tournante qui m'a paru délicieuse. La pente du coteau sur lequel il est bâti est un jardin qui ressemble à une forêt d'ormes, de charmes, de frênes et de toutes sortes d'arbres originaires des climats septentrionaux. Ici l'art est mieux caché que dans les jardins d'Aranjuez, et les arbres de nos contrées ont l'air de se trouver chez eux. Le dessous de cette forêt enchantée est tapissé d'un épais lit de mousse étendu sur de grandes parois de rochers; ce pavé de granit et de marbre recouvert d'un tapis de verdure, est coupé par une multitude de ruisseaux qu'on entend murmurer dans l'ombre; ces eaux, réparties avec intelligence, nourrissent les racines des arbres et entretiennent dans l'air une fraîcheur éternelle. C'est la nature des odes d'Horace, de Fray Luis de Léon, la nature décrite dans les poésies du Tasse et de l'Arioste : ce n'est pas sublime, c'est ravissant. On s'en souvient toujours : ce qui est vraiment gracieux ne s'oublie pas plus que ce qui est grand et fort.

Cette promenade ne ressemble à rien de ce que j'ai vu ailleurs, c'est le charme du Midi et la rêverie du Nord : on peut passer sous ces ombrages les heures les plus brûlantes du jour, sans se douter de la saison ni du climat. L'attention est captivée par le bruit des eaux artificielles comme par une musique lointaine; ici rien n'est primitif, l'homme a tout fait, mais admirablement fait. La forêt a été plantée, les ruisseaux ne coulent simplement qu'après s'être élancés en jets d'eau merveilleux; plusieurs de ces fusées d'argent s'élèvent comme des gerbes jusqu'au-dessus du sommet des arbres, brillent un moment au soleil, puis retombent dans l'ombre en pluie rafraîchissante : ce continuel mouvement d'eau rend les bois vivants. L'art de l'irrigation chez les Andaloux est une des choses qui fait le plus admirer les Maures. Auprès de chaque fontaine, au bord de chaque bassin de marbre, dans chaque cour lavée par une eau harmonieuse et brillante, je me surprends, en dépit de ma foi, à regretter ces infidèles, si habiles à changer en un jardin de fée, un pays dévasté par l'air de la zone torride.

Les échappées de vue qu'on a sur la plaine, à travers les clairières des bosquets de l'Alhambra, m'ont paru d'une majesté infinie. Les montagnes lointaines sont couleur de pierres précieuses, et la Sierra Nevada, dont on aperçoit les croupes tachetées de neige, semble si rapprochée, qu'on dirait qu'elle touche à la cime des arbres. Tout cela paraîtrait invraisemblable en peinture; voilà pourquoi cette décoration, impossible à imaginer, m'enchante dans la réalité. Le blanc de la glace fondante dessine, le long des flancs de cette singulière chaîne de montagnes, des veines pareilles à celles du marbre africain.

La ligne marquée sur le ciel par la Sierra Nevada

est presque droite. Ce mur de montagnes a peu de pics élevés au-dessus des autres : on dirait un énorme rempart bâti par quelque génie à l'extrémité d'un jardin. Le site du coteau de l'Alhambra est un des plus délicieux que j'aie jamais vus : il a un caractère d'élégance qui en cache la grandeur et le rend tout à fait original. En montant à ce palais on croit s'approcher du séjour des houris. Je ne connais que la musique d'Armide qui puisse donner une idée de cette nature ornée et pourtant vigoureuse, comme si elle était encore sauvage !... Elle nous fait comprendre les regrets des musulmans; je me répétais, en l'admirant, le mot du dernier ambassadeur envoyé par les Maures au roi d'Espagne : c'était je crois sous Charles III, en 1772. Il demanda et obtint la permission de retourner chez lui par Grenade : lorsqu'il entra dans les ruines de l'Alhambra il se mit en prières, et, se frappant la poitrine en fondant en larmes, il s'écria avec lamentation : Comment mes ancêtres ont-ils pu perdre cette terre de délices ? Tous les Maures de la Barbarie, reste des populations chassées de l'Espagne, ajoutent chaque vendredi aux versets du Koran, une prière pour demander à Dieu la grâce de rentrer un jour à Grenade.

En arrivant à la porte du palais des rois maures,

j'étais enchanté d'avance; je me croyais un Arabe revenu de son exil : il me semblait relire la Lampe merveilleuse; c'était la même richesse d'imagination, la même couleur de style. Je n'aurais vu que cela, que je connaîtrais l'Alhambra, et peut-être que je l'admirerais plus que je ne fais après avoir tout parcouru; mais je n'en pourrais pas parler !

Cette porte s'appelait autrefois la porte du Jugement. Elle est percée sous une grosse tour carrée, bâtie en pierres de taille comme l'était la double muraille dont les Maures avaient ceint la forteresse entière. Cette muraille n'existe plus qu'en partie. La porte du Jugement est une espèce d'arc turc très-élevé, très-orné, très-hardi, et qui finit en pointe comme un cœur renversé, elle est surmontée d'une main placée près d'une clef, l'une et l'autre sculptées dans la pierre; c'est un hiéroglyphe qui voulait dire que les ennemis prendraient le palais quand la main prendrait la clef. L'hiéroglyphe a menti.

En traversant la tour vous arrivez sur une place, et vous êtes dans l'enceinte de l'Alhambra.

Mais avant de vous conduire avec moi à travers cet amas de ruines, je veux représenter à votre esprit une partie des idées que me retrace le lieu et qui font pour moi le charme d'un tel pèlerinage.

Les Maures, comme tous les Orientaux, attachaient une pensée à leurs monuments : leur architecture répondait non-seulement à leurs besoins matériels, mais elle avait un caractère symbolique qui la rendait poétique et la mettait d'accord avec leur vie intellectuelle. Pour ce peuple ingénieux mais peu lettré les murailles étaient des livres où se gravaient les emblèmes de sa croyance, de son histoire, de ses passions : héritage des Égyptiens, qui prenaient les pierres pour manuscrits, les édifices mauresques sont de l'architecture parlante, et sous ce rapport du moins ces pierres animées sont sûres d'inspirer un vif intérêt de curiosité. C'est une langue à déchiffrer aussi bien qu'un art à étudier; c'est plutôt une science, et une science très-distincte de celle des hiéroglyphes, puisque la religion des Maures leur défend sous peine d'idolâtrie de représenter aucune figure d'hommes ou de bêtes : règle à laquelle ils ne se sont pourtant pas astreints bien rigoureusement, puisque la cour des Lions doit son nom aux douze figures de ces animaux, qui soutiennent la fameuse coupe placée au milieu de cette enceinte.

L'architecture arabe est l'expression d'une idée, reste à savoir si cette idée avait assez de grandeur, assez de noblesse pour placer les monuments qu'elle a produits au niveau des chefs-d'œuvre de l'art grec et chrétien; je ne le pense pas. Mais que vous importe ce que je pense? il vous faut ce que je vois; pourtant je ne veux pas me presser de vous le dire : l'attente ajoute à l'impression du spectacle.

La clef et la main que j'ai remarquées sur la porte du Jugement, appelée aujourd'hui la porte des Gardes, sont des signes très-souvent reproduits et très-significatifs chez les musulmans. Il y a dans l'Alcoran plusieurs versets qui ne parlent que de la main de Dieu, et de la clef confiée au prophète pour ouvrir la porte du ciel aux croyants.

Le titre de Sublime Porte, donné au gouvernement du grand sultan, tient à l'idée religieuse attachée par les Musulmans à l'exercice du pouvoir souverain sur la terre.

Il paraît que le signe de la clef était chez les Arabes aussi vénéré que celui de la croix l'est chez nous.

Chez les chevaliers maures de l'Andalousie, la clef était aussi un signe symbolique. Le mot *Ghiblaltah*, d'où est venu celui de Gibraltar, signifie en arabe *le Mont-de-l'Entrée*, nom qui fut donné au rocher de Calpe, parce qu'on le regardait comme la clef de la porte par laquelle l'Océan se jette dans la Méditerranée; et c'est aussi par ce point, par cette *porte*, que les Maures pénétrèrent en Espagne. Ils débarquèrent au pied de la montagne de Calpe.

Le signe de la clef qu'on voit sur la porte de l'Alhambra peut donc avoir plusieurs sens, et donner lieu à des interprétations diverses.

C'est une chose à remarquer que la coutume, presque générale parmi les peuples de l'Asie, de rendre la justice à la porte des villes : c'est de là qu'est venu le nom de porte du Jugement, donné à celle-ci.

Le signe de la main était aussi très-important parmi les sectateurs du prophète. Il désignait d'abord la Providence. On le regardait ensuite comme le symbole de la loi écrite; puis on lui attribuait, par superstition, une vertu préservative contre les maléfices. Les Maures ont légué ce préjugé aux Andaloux. On croyait que la figure de la main pouvait opérer des enchantements, et on l'employait diversement, selon le cours des astres. Ainsi, lorsqu'elle était représentée ouverte comme au-dessus de la porte de l'Alhambra, elle devait affaiblir et arrêter l'ennemi.

Les gitanos, qui sont des frères bâtards des Maures, regardent l'intérieur de la main d'un homme pour tirer son horoscope; et presque tous les enfants de l'Andalousie portent encore aujourd'hui à leur cou de petites mains ciselées en corail, en ivoire ou en toute autre matière. La main fermée a le pouce passé entre l'index et le doigt du milieu. Cette manière de représenter la main sert, dit-on, à conjurer le *mauvais œil.* Une jeune femme, lorsqu'elle porte dans ses bras son fils, et qu'elle rencontre une vieille qui louche et pourrait jeter un sort à l'innocente créature, arrange aussitôt la petite main de l'enfant, en plaçant le pouce entre les deux doigts indiqués; elle lui dit en même temps : *Hijo, hijo, hace usted una fija!* Mon fils, mon fils, fais-lui la figue! c'est de là que nous avons pris le proverbe

Faire la figue au danger.

Mais la principale signification de la main chez les musulmans, c'est celle qui s'applique aux dogmes de la foi.

Ils posent comme base de leur croyance l'ensemble de la main, qui représente l'unité de Dieu; puis ils prennent ses quatorze jointures pour guides de conduite, en paraphrasant les cinq préceptes fondamentaux que voici :

Croire à Dieu et à son prophète.

Prier.

Faire l'aumône.

Jeûner pendant le mois de ramadan.

Faire le voyage de la Mecque.

Dans tout l'intérieur de l'Alhambra, les murs sont couverts d'inscriptions religieuses, qui prouvent que le peuple, dont ces monuments sont l'œuvre, n'oubliait pas un moment sa croyance. Il était plus conséquent que nous; à la vérité, sa religion était moins austère que la nôtre, et choquait moins le grand nombre, voilà pourquoi le christianisme est plus fort. Il a pour lui les âmes d'élite.

Entrons enfin dans l'Alhambra; et, pour vous le figurer tel qu'il est, représentez-vous d'abord une petite ville presque toute en ruines, mais où il reste cependant des tours intactes, des parties de palais, des salles, des cloîtres, et des enceintes de murailles qui supportent de petites coupoles ornées d'or, d'azur, et où l'éclat des couleurs égale celui de l'émail; mais tout cela beaucoup moins beau et moins grand que vous ne l'imaginez d'après mes paroles, quelques efforts que je fasse pour les adapter à la mesure de la vérité.

Quand vous avez passé la porte du Jugement, vous vous trouvez dans une enceinte assez étendue, qui ressemble à une petite place, et qu'on nomme la Cour ou la place des Citernes.

Sur cette place est construit le palais de Charles-Quint, en Espagne Charles Ier. Vous l'apercevez d'abord; c'est un vaste et superbe édifice carré, tout construit en pierres de taille. Il a quatre façades de dessins divers, avec quatre portails : le principal est en marbre jaspé; il est orné de colonnes, et décoré avec autant de variété que d'élégance : les bandeaux des fenêtres sont de marbre noir. Les dessus sont ornés de têtes d'aigles et de lions : dans l'intérieur de ce palais on trouve une grande tour ronde avec des portiques fermés par des colonnes de marbre jaspé.... C'est magnifique ;... l'escalier est aussi très-beau ;... mais ce n'est pas l'Alhambra.

Ce palais de Charles-Quint fut commencé par Alphonse Berruy, continué par un élève de Raphaël (ce n'est pas ce qui fait le plus d'honneur au roi de la peinture), et fini par Silvé. Il fut bâti avec l'argent que les ministres de l'empereur surent extorquer aux Sarrasins en leur promettant de leur laisser la liberté de conscience. Les Maures payèrent en deux fois seize cent mille ducats, et n'en furent pas plus libres après; mais le palais de Charles V s'éleva sur l'emplacement et avec les matériaux de celui des rois maures. C'est un carré parfait, dont chaque côté a 220 pieds. On y jouit d'une vue magnifique sur la ville, la campagne, sur les bois et sur les neiges des montagnes. Il existe dans ce palais un bas-relief probablement tiré de l'Alhambra, et dont l'inscription est arabe. La voici : Dieu seul peut vaincre!

On entre enfin dans la première cour du palais mauresque.... Ici voulez-vous approcher de la vérité? Croyez à moi, ne croyez plus à mes devanciers; rabattez les belles paroles des voyageurs, elles nous ont trompés; les poëtes dont c'est le métier nous avaient trompés les premiers; les Maures, les chrétiens, tous ont menti, tous : les uns sans le vouloir, les autres sciemment. Mais, enfin, tous les faiseurs de descriptions nous ont induits en erreur; les peintres eux-mêmes ont vu à travers des verres qui grossissent : rapetissez leurs tableaux, affaiblissez les images qu'ils vous ont laissées dans la pensée; mettez une double bride à votre imagination, à votre mémoire; oubliez les récits des Espagnols, ceux des étrangers, dégagez votre esprit de ce que vous avez appris, pressenti; ne pensez pas à ce que vous allez voir : peut-être serez-vous contente, ou du moins surprise, amusée de ce que vous verrez; mais avant tout venez avec moi démolir les colonnades prolongées à perte de vue, les superbes portiques de marbre ciselé, les étages de terrasses soutenus les uns au-dessus des autres par une suite de piliers aériens ; cette architecture de votre imagination n'existe pas ici et n'a jamais existé ; c'est pourtant à ces merveilles fantastiques que le seul nom de l'Alhambra me faisait rêver. Il n'y a de réellement grand ici que quelques tours, dont la masse est énorme, sans toutefois paraître imposante.

Vous savez ce que tout le monde rêve avant d'arriver à Grenade; or voici ce que j'ai vu de mes yeux à la place de ce qu'on nomme pompeusement les cours, les salles, les galeries de ce palais trop célèbre. J'ai vu, me pardonnerez-vous? une suite de petites boîtes grossières au dehors, mais qui, dans l'intérieur, sont doublées d'émail et précieusement travaillées, comme la nacre ou l'ivoire dont on fait les bonbonnières de la Chine. Imposez silence à votre imagination, regardez et comptez avec une curiosité minutieuse les coups de ciseaux qui font la beauté de cette architecture pointillée; prenez la loupe, ce que vous verrez vous paraîtra encore bien petit. Nul verre ne peut agrandir les objets au point de faire naître le beau du joli.

Il y a loin de là, sans doute, au dessin des palais de Martin, dont j'étais venu chercher le modèle à Grenade.

Mais dois-je être seul accusé de ce mécompte? L'exagération des voyageurs qui m'ont précédé n'est-elle pas la première cause de mes erreurs et de mon désenchantement? Je ne puis dire que ce que j'éprouve ; mais je réclame amèrement contre les admirations pompeuses de mes devanciers, puisqu'elles m'ont privé du plaisir que la réalité m'aurait causé, sans les fausses merveilles qu'on m'avait promises.

J'ai beau me sermonner moi-même pour m'élever à la hauteur de ces enthousiastes de l'Alhambra, je ne vois ici qu'une œuvre de patience : tout l'intérieur de ce palais est de la dentelle, la pierre est brodée comme une étoffe brochée, barriolée comme une tenture, ciselée, tournée comme un meuble, on dirait que les Maures prenaient des tapissiers pour architectes. Ils bâtissaient tout meublé : leurs marbres, leurs charpentes, leurs stucs, leurs émaux, leurs parois de fayence, me font l'illusion de murs drapés et de salles tendues ; leurs palais sont des chefs-d'œuvre de décoration, mais le dessin général manque de conception ; dans tout cela je vois de l'esprit, je ne sens point d'âme ; même vous pouvez y chercher autant de talent que vous voudrez, vous le trouverez ; mais ne demandez pas un brin de génie. Il me semble que pour accorder du génie à une œuvre d'art il faut qu'elle exprime avec vérité, non-seulement l'originalité d'une pensée individuelle, mais que l'idée génératrice de l'œuvre soit noble, simple, grande, et la réalisation de cette idée bienfaisante. Tel fut le sentiment de la perfection des formes, l'amour du beau idéal dans l'art ancien. Telle est l'idée de Dieu dans l'art moderne, où les chrétiens ont pour ainsi dire spiritualisé la pierre en élevant des voûtes qui forcent l'âme à prier, le corps à s'agenouiller : loin de là, l'architecture arabe, trop vantée de nos jours, surtout par ceux qui ne la connaissent pas, n'est qu'un caprice, un caprice plein de grâce et d'originalité, qui peint une disposition individuelle avec beaucoup de finesse et d'exactitude, mais qui ne s'élève à rien de vaste, de sublime, de fécond; on voit toujours la fantaisie d'un homme voluptueux, on ne reconnaît jamais l'âme d'un grand peuple : c'est de l'art égoïste.

Il faut l'étudier comme une curiosité, non comme un modèle. Les merveilles d'imagination renfermées dans l'intérieur de ces monuments singuliers, et dont l'enveloppe est si grossière, me rappellent toujours la formation du cristal dans une mine.

Le cristal est un accident de la nature, comme l'art arabe est un caprice de l'homme; mais entre toutes les productions de cette nature, mon admiration ne s'adresse à celles qui sont sous terre qu'après s'être épuisée au grand jour.

L'ensemble des monuments mauresques est extraordinaire quand on réfléchit, quand on cherche, quand on se souvient; il paraît mesquin, compliqué, recherché, quand on regarde simplement; que m'importe le fini excessif des dessins d'un plafond, si je me sens étouffé par la petitesse et l'obscurité des cases ornées que j'examine? Je n'approuve le goût des détails soignés que lorsque ces détails concourent à l'effet de l'ensemble. Dans l'architecture arabe, le dessin général s'oublie, parce qu'il ne paraît pas d'accord avec les ornements accessoires. Il faudrait un autre peuple pour faire les dehors de ces intérieurs : les architectes arabes n'ont formé que des collections de boudoirs plus ou moins élégants : cloîtres galants, où tout respire le secret, la volupté, même la cruauté du sérail; prisons dorées, mais toujours prisons : ces retraites m'expliquent la vie molle, efféminée et délicieuse de ceux qui les ont bâties : on comprend aussi, en pénétrant dans l'obscurité de ces royales et galantes forteresses, les trahisons de tous genres, les scènes sanglantes dont ces murailles enjolivées ont été les témoins : tant de grossièreté au dehors, de coquetterie au dedans, tant de richesse de détail, tant de pauvreté de dessins, tant de culture et de barbarie, tant d'incohérence, m'explique la chute du croissant à Grenade et le triomphe de la croix.

Les croyances, dont l'Alhambra est l'œuvre et le symbole, ne pouvaient nourrir des hommes capables de défendre à la fin cette élégante forteresse contre les soldats du Dieu qui a bâti Cologne, Florence, Strasbourg, Notre-Dame, et la Rome, et la Séville chrétienne.

Il manquera toujours quelque chose aux chefs-d'œuvre de l'architecture mauresque; le joli appartient aux Arabes, comme le beau appartenait aux Grecs, le grand aux Romains, le sublime aux Goths ou plutôt aux chrétiens, le gigantesque aux Égyptiens. Peut-être me reprocherez-vous mes comparaisons: juger chaque chose en soi, dit-on, est le propre des esprits justes: c'est possible; mais comment ne pas comparer l'impression que vous font monuments et monuments, palais et palais, églises et temples, forteresses et forteresses; comment ne pas se souvenir des édifices de divers pays, de divers styles, à chaque nouveau chef-d'œuvre qu'on admire? Voyager sans comparer c'est perdre la mémoire autant de fois qu'on change de chevaux. Loin delà, je ne voyage, je ne vis que pour comparer ; dussiez-vous me traiter d'aveugle et de classique imbécile, je vous dirai, pour compléter mes comparaisons, que les Grecs, lorsqu'ils élevaient leurs monuments, monuments sublimes, parce qu'ils étaient l'expression des besoins d'une société fondée sur le culte du beau, remplissaient, non-seulement le but spécial de l'œuvre, mais embellissaient encore les villes, les pays entiers : l'architecture grecque ornait la terre, tandis que les Arabes emploient toutes les merveilles de leur art à construire des retraites dont les beautés doivent avant tout rester ignorées de la foule, leurs efforts sont prodigieux, leur persistance, leur sagacité merveilleuses ; mais que résulte-t-il de leurs fatigues, de leurs sacrifices? ils ont donné leur force, le sang de leur cœur, la pensée de leur vie... pour enjoliver des alcôves !...

Les admirateurs exclusifs de cette architecture font bien de défendre toute comparaison ; pour voir l'Alhambra comme ils l'ont vu, il faut oublier Athènes, Rome et l'art chrétien !

La colline de l'Alhambra était jadis entourée tout entière d'un double rang de murailles flanquées de tours. Cette première enceinte est aujourd'hui détruite en grande partie, mais il en reste plusieurs fragments qui produisent des effets pittoresques. Un des plus beaux sujets de tableaux de genre que j'aie vus, c'est la porte du Jugement, avec son arc mauresque d'une hauteur énorme et les touffes d'arbres qui l'encadrent et la dominent. Grenade, au moment du siége, comptait quatre cent mille habitants : l'Alhambra pouvait alors contenir quarante mille hommes de troupes; et l'Albayzin, forteresse qui défendait la colline voisine, renfermait un nombre égal de combattants. Il reste aujourd'hui peu de traces de ce dernier monument.

Pour entrer dans ce qui fait proprement la première cour de l'Alhambra, on sort de celle des Citernes par une mauvaise porte moderne en bois, qui sépare de cette place l'intérieur de la forteresse. Avant de quitter la place des Citernes, il faut vous dire qu'elle s'étend d'un côté, à partir de l'entrée du palais de Charles-Quint, jusqu'aux murs de celui des rois maures, et de l'autre côté jusqu'à un parapet d'où la vue plane, au delà de Grenade, sur la Vega, sur les monts lointains, sur le pays tout entier.

La cour des Bains, où l'on vous introduit par la mauvaise porte dont je viens de vous parler, est un carré long; les deux extrémités de ce carré sont bordées de portiques. Ces arcs hardis, soutenus par des colonnes de marbre d'une proportion charmante, ont de la légèreté, et produisent un effet pittoresque. Au milieu du carré se trouve un canal rempli d'une eau verte et peu agréable à l'œil; il est pourtant bordé de plates-bandes de fleurs et de petites allées d'orangers. C'est là qu'autrefois se trouvaient les bains destinés aux gens de service. Cette espèce de cour a la même forme et n'est guère plus étendue qu'un vaste manége; les murs en sont fort dégradés. Cette partie du palais est la moins bien conservée; cependant, de place en place on retrouve des ciselures d'un beau travail.

La cour des Bains a eu plusieurs noms, et, entre autres, celui de cour des Myrthes. Les arabesques dont les murs sont ornés et la légèreté des colonnes du portique font oublier le palais impérial et les écussons de Charles-Quint. On se sent transporté dans un monde nouveau, un monde d'enchanteurs et de fées; on se rappelle tout ce qu'on a lu de contes merveilleux; vos souvenirs d'enfance vous appararaissent, mais cette fois comme des promesses réalisées. C'est vraiment Bouquet-de-Fleurs traversant le Mesnard pour aller voir dans son pavillon Chaîne-des-Cœurs ou la jalouse Zobéïde.

C'est en sortant de la cour des Myrthes, qui est encore pavée d'assez belles dalles, qu'on entre dans la tour de Comarès, la plus imposante, la mieux conservée, la plus haute, la plus magnifique de toutes celles de l'Alhambra.

L'intérieur de cette tour, qui est à elle seule un palais, a dû être un séjour ravissant; l'extérieur n'est qu'une grossière muraille de briques. Le même système préside à toutes ces constructions. Le dedans est orné avec une élégance sans pareille; le dehors est négligé, ou du moins il n'est que solide, et ressemble à tout.

Sur la porte principale se trouve une inscription, qui indique qu'il y avait jadis un marbre précieux au-dessus de cette corniche; on ne le voit plus, mais voici l'inscription, qui subsiste toujours :

« O vous tous, qui regardez ce marbre si parfait par sa matière et son travail, veillez à sa défense, et protégez-le des cinq doigts de la main. »

Voilà encore la main qui joue son rôle!

Une foule d'inscriptions et de dessins variés recouvrent les murs des diverses salles qui forment l'intérieur de la tour de Comarès.

La plus belle est la salle des ambassadeurs, théâtre des fêtes et de l'élégance chevaleresque de la cour des rois maures. C'est de l'histoire, ou plutôt de la féerie gravée sur pierre, sculptée en bois, en stuc, et peinte en émail. La coupole de cette salle est un petit dôme obscur, mais ciselé avec un art infini; l'effet de l'ensemble n'est pas grand.

L'arc de la porte est d'un goût parfait, et très-orné d'arabesques en stuc. Aux deux côtés de cette porte se trouvent deux petites niches, elles étaient destinées à recevoir les babouches de ceux qui entraient dans la salle. Il faut connaître cette coutume orientale pour deviner l'usage des deux niches.

La vue dont on jouit en regardant par les jours de cette salle est admirable. Les montagnes, la plaine, la ville, les formes, les couleurs, la végétation, riante parure de quelques parties du paysage, la stérilité, sublime parure de quelques autres : tout est merveilleux : c'est-à-dire, noble et gracieux.

Le site de Grenade est unique dans le monde, ce qui le caractérise c'est un mélange de grandeur sauvage et d'ornements factices. L'art et la nature sont là en présence, et rivalisent de richesses pour séduire les imaginations; on est au pouvoir des génies; la pensée ne va pas au delà de ce qu'on voit, ni l'amour au delà de ce qu'on sent ; ah! c'est ici qu'il faut être heureux pour l'être tout à fait; qui me rendra vingt ans et l'amour partagé pour voir Grenade comme il faudrait le voir?....

Pourtant je ne voudrais pas, même à ce prix, perdre mes souvenirs et mon expérience d'à présent;

la vie de l'homme est arrangée comme l'année : l'automne et l'hiver ont des charmes qui n'appartiennent qu'à eux!.... Notre esprit hérite des plus beaux jours de notre vie, et nous console dans la misère des plus tristes : l'esprit est notre dernier ami; tant que nous avons d'autres compagnons, nous dédaignons celui-là, mais à la fin nous reconnaissons ce qu'il vaut; et si nous ne sommes heureux alors, nous sommes consolés!...

La Sierra Nevada, avec ses sommets de marbre bleu, ses neiges chatoyantes et sa base de verdure, ressemble à des palais de saphirs, couverts d'opales monstrueuses et entourés d'un rempart d'émeraudes : les romanciers arabes n'ont rien inventé : les Mille et une Nuits ne sont qu'une copie des monuments, des jardins et des paysages de Grenade et de l'Orient, dont cette partie de l'Espagne donne une juste idée.

La contemplation de la nature réveille toujours la pensée de Dieu dans une âme vivante : mais la nature, dans cette singulière contrée, paraît visiblement régie par une nuée d'êtres intermédiaires : un peuple d'esprits, une légion de fées, cachent aux mortels la présence du Très-Haut; ni la terre et ce qu'elle produit, ni les arts de ce pays, ne nous révèlent immédiatement le Créateur suprême: nous ne voyons, nous ne sentons que les ministres de Dieu; mais aussi nous sommes plus près d'eux que nous ne pourrions l'être de lui. Il règne ici entre l'homme, les pierres, les plantes et la terre, une familiarité qui ne se retrouve nulle part : c'est un monde à la portée de nous, une conversation d'égal à égal, entre les diverses puissances de l'univers : l'homme est roi de cet empire fait pour lui et par lui.... Ah! le peuple, dont Grenade était la patrie, s'était fait une vie si charmante, que tout brave qu'il était sans doute, il ne voulait pas mourir : et c'est pourquoi il a été chassé!... Pauvres Arabes, hommes de perles et d'or, ils étaient trop brillants, trop heureux pour résister à des ennemis de fer!.... C'était écrit!...

En sortant de la salle des ambassadeurs, on pénètre plus avant dans le palais et l'on arrive aux appartements intérieurs de la reine et du roi. On voit leurs cabinets de toilettes, leurs chambres à coucher, leurs bains, étroites retraites soigneusement défendues contre la lumière et la chaleur, secrets asiles de la volupté, où mille petits jets d'eau entretenaient une température fraîche et douce, où des essences précieuses parfumaient l'air en inspirant l'amour et le désir : on est là dans le paradis des femmes !

On voit ensuite les chambres des enfants, et partout on est forcé d'admirer le travail, non des artistes, on ne peut leur donner ce nom, mais des ouvriers en tissus de pierre et de marbre : ces étoffes, copiées en pierre, revêtent tous les murs intérieurs du palais. J'ai remarqué aussi des mosaïques de faïence d'un joli effet, j'en ai même volé. J'ai admiré à loisir des stucs émaillés, des plafonds de bois ciselés, dorés, peints de plusieurs couleurs et dont les compartiments profondément fouillés par le tourneur ressemblent assez aux alvéoles vides d'un rayon de miel. Il y a du travail de l'abeille dans toute l'architecture des Arabes.

Une partie de l'appartement de la reine a été repeint du temps de Charles-Quint par des élèves de Michel-Ange !... J'ai remarqué entre autres un charmant Toccador, espèce de petit balcon couvert qui fait boudoir en saillie : les murs de ce réduit élégant sont couverts de petites figures à fresque, dessinées dans le style du grand maître, et peintes par ses écoliers. Ces fresques font un constraste peu agréable avec le goût qui a présidé au choix d'ornements des autres parties du palais. Le style mauresque s'accorde mal avec le style italien.

Vous quittez ces petites cases, curieuses comme

des boutiques de dessins à tapisseries, et vous arrivez enfin à la fameuse cour des Lions; c'est un cloître très-petit, mais d'une élégance extrême: l'Alhambra ni l'Orient tout entier n'ont rien produit de plus beau, de plus délicat, de plus léger, de plus précieux, de plus parfait dans son genre; c'est fini comme une gravure anglaise; enfin c'est le chef-d'œuvre du goût oriental appliqué à l'architecture. Les souvenirs romantiques ajoutent à l'effet d'une si brillante création. Rien ne manque donc à cette partie de l'Alhambra pour intéresser le voyageur, surtout celui qui se plaît à voir sans admirer : la majesté produit l'admiration; ici rien n'est majestueux, mais tout est curieux.

Les fûts des petites colonnes qui bordent ce cloître royal sont d'un marbre très-blanc et très fin. Je ne puis vous donner l'idée de la délicatesse des ornements qui recouvrent leurs chapiteaux, ni de la légèreté des arêtes de marbre qui forment les arcades du cloître : tout cela est charmant; mais vous rappelez-vous l'étendue de la cour des Lions? cent pieds de long sur cinquante pieds de large: est-ce là ce que vous aviez rêvé toute votre vie?

Il y a aux deux extrémités de cette fameuse cour deux avant-corps, espèces de pavillons indiens, soutenus par des colonnes semblables à celles du cloître. Quoique ces constructions saillantes ressemblent parfaitement à des temples de confiseurs aux extrémités d'un surtout de dessert, elles produisent ici un joli effet : elles coupent pittoresquement les lignes du carré formé par le cloître et contribuent à augmenter le prestige produit par le jeu des ombres et de la lumière sous des arcades qui ressemblent assez à la voûte d'une allée percée à travers un taillis. Mettez-vous bien dans l'esprit que c'est au taillis qu'on pense en parcourant les monuments de Grenade ; à Cologne, à Notre-Dame de Paris à la cathédrale de Séville, c'est à la haute futaie.

Il faut bien vous parler des lions qui supportent la grande vasque de marbre de la fontaine. Elle est placée au milieu de cette cour à laquelle les lions ont donné leur nom. Ce sont de vilaines bêtes d'une forme ignoble, d'un dessin mou, lourd et vague : ils sont de plus si mal ciselés qu'ils décèlent une profonde ignorance de l'art du statuaire.

C'est là qu'on vous montre le sang des trente-six Abencerrages égorgés par les Zegries, sous les yeux du roi Boabdil ; on vous le montre, mais vous ne le voyez pas.

L'effet général de la cour des Lions est gâté depuis que les Français en ont vendu les dalles de marbre qui formaient le pavé : ils ont remplacé ce magnifique revêtement par un jardin d'un effet ridicule. Les arbustes rapetissent à l'œil une enceinte déjà bien resserrée ; ils cachent la base des colonnes dont la hauteur paraît diminuée de plus d'un quart par des touffes d'arbustes et de fleurs qu'on aimerait à voir partout excepté dans l'intérieur d'un monument où les découpures de marbre rivalisent avec le feuillage des plantes naturelles. L'architecture mauresque tout entière n'est qu'une végétation du marbre : le corail et les madrépores étaient les types de cette architecture, comme le palmier est le modèle de la colonne grecque, et la forêt de chêne et de sapin celui de l'ogive et du pilier gothique. Il ne manquait que ce parterre à la cour des Lions pour qu'elle me parût absolument semblable aux édifices de confiseurs, avec les arbres de papier, les colonnes de sucre, les fleurs de linon dont ils ornent nos assiettes montées. J'en reviens toujours à cette comparaison, parce qu'elle s'applique parfaitement au style des monuments mauresques. On assure que des ordres viennent d'être donnés pour arracher ce ridicule parterre et réparer la cour des Lions.

Les corps de bâtiments qui forment l'enceinte de la cour des Lions étaient autrefois surmontés de superbes poutres ciselées et dorées; ces poutres supportaient en outre une corniche de tuiles mauresques, dorées comme elles : on dit que ce couronnement était d'une grande élégance. Un des gouverneurs espagnols de l'Alhambra trouva bon de remplacer l'ornement mauresque par un vilain toit en tuiles rondes, bien lourd et qui écrase tout ce qu'il abrite ; rien ne pouvait être d'un effet plus désagréable que cette toiture de maison de fermier appliquée sur un palais de fées. Vous voyez que les gens du pays ont lutté de mauvais goût avec les étrangers pour gâter le chef-d'œuvre de l'architecture arabe.

Une partie assez considérable de l'Alhambra fut démolie du temps de Charles-Quint : ce prince, qui voulait substituer sa gloire à toutes les renommées, eut la vanité de faire prendre des matériaux dans le palais des rois maures, pour élever le sien sur l'emplacement même de ce monument, célèbre dès lors dans l'Europe entière. Je vous ai déjà parlé de ce palais de l'empereur ; malgré sa beauté particulière et la pompe de son style, il gâte l'ensemble de l'Alhambra ; on dirait qu'il n'a été enchâssé là que pour porter l'ambitieuse devise du souverain des deux mondes : « Plus ultra ! » Il sert aussi à montrer la grandeur, ou, pour mieux dire, l'étendue de celui des rois maures. Fort spacieux lui-même, à peine est-il remarqué au milieu des ruines de la forteresse arabe.

Après avoir parcouru les principaux corps-de-logis restés debout à l'Alhambra, il faut faire le tour de l'ancienne enceinte : on en suit intérieurement les murs, flanqués de tourelles carrées ; on voit aussi d'énormes substructions nécessaires pour la solidité de l'édifice entier, et surtout pour y faire arriver les eaux qui jaillissaient de toutes parts, avec l'art particulier aux Arabes. Les habitations des rois maures n'étaient, pour ainsi dire, que des fontaines ornées et abritées; dans ces maisons, qui ressemblaient à des berceaux de jardins, les chambres avaient la même richesse de jets d'eau que les parterres : ce luxe intérieur était poussé aussi loin, chez ce peuple, que l'était l'art de la statuaire dans les monuments publics de l'antiquité. Là tout était en dehors, l'architecte bâtissait pour une nation : les Maures n'ont jamais bâti que pour un homme.

En parcourant les parties les plus ruinées de l'ancienne forteresse, on arrive à des portions de terrain vagues et parsemées de quelques pierres, entre lesquelles croissent des chardons et des ronces; on s'élève toujours davantage le long de la colline ;

d'où les déchirures des murs démantelés vous procurent des échappées de vue pittoresques, tantôt sur le profond ravin du Darro, qui coule au pied de l'Alhambra, et qu'on aperçoit à travers les éboulements tout récents d'une partie des murailles, tantôt sur la ville basse, sur la plaine, sur la Sierra Nevada; en revenant de cette course, nous sommes rentrés dans les appartements du roi et de la reine, et j'y ai rempli mes poches de morceaux de faïence, de tuiles vernissées, de stucs et de marbres, en m'efforçant d'échapper à la surveillance assez stricte des gardiens. Je ne sais si les précautions de ces gens-là sont dues à leur obéissance ou à l'espèce de plaisir qu'éprouve naturellement un Espagnol lorsqu'il peut entraver les étrangers dans la satisfaction de leurs fantaisies les plus innocentes.

Peut-être se rendent-ils la vie difficile, même entre eux; je n'ai pas le temps de les observer d'assez près pour m'assurer de la vraie cause et de l'étendue des conséquences de cette disposition peu aimable à nous susciter des difficultés; ce que je sais, c'est qu'en général les Espagnols paraissent mécontents qu'on vienne les observer chez eux; ils ont entendu parler des progrès de la civilisation chez les autres peuples : ils se croient en arrière, et rougissent, sans trop savoir pourquoi, à l'idée de la comparaison. Leur amour-propre est mêlé de trop de modestie, car je les trouve en beaucoup de choses fort supérieurs à nous. Ils me font l'effet de lions en cage, et qui s'indignent d'être regardés par des chiens en liberté.

Ils ont pour la plupart plus de bon sens que d'esprit : le bon sens n'est jamais très-prompt : c'est une habitude de modération dans la peusée, un point d'arrêt, un pli de l'intelligence ; tout ce qui paraît nouveau à un homme qui n'a que du bon sens le dérange, et du dérangement à la mauvaise humeur le chemin est court.

Nous avions fait nos préparatifs pour passer la journée entière entre l'Alhambra et le Generalif : mais mon extrême faiblesse exigeait du repos pendant les heures les plus chaudes du jour ; les inconnus eux-mêmes ont pitié ou peur de moi en me voyant passer. Le gardien de l'Alhambra me contemplait ce matin comme le fantôme de quelqu'un de ces mécréants qui hantent encore, à ce qu'il croit, leur palais ruiné. Il en a bien vu à minuit, mais à midi, cette apparition lui a paru plus que surnaturelle. L'Abencerrage, revenant au grand jour, épouvantait l'Espagnol, accoutumé aux seuls prodiges de la nuit. Aussi ce geôlier des ombres me parut-il satisfait de se débarrasser de moi en me conduisant dans la partie de l'Alhambra maintenant habitée par une famille anglaise.

Où ne se loge pas ce peuple voyageur, ou plutôt nomade, car les vrais voyageurs se font aux coutumes de tous les peuples : tandis qu'à bien peu d'exceptions près, les Anglais emportent partout avec eux leur bagage d'habitudes et de préjugés nationaux. Ces touristes curieux, encombrés de choses commodes, accablés des souvenirs de leur aisance, esclaves de leur civilisation tout extérieure, ne remarquent dans les autres pays que le manque de ce *comfort* qui n'appartient qu'à l'Angleterre. Mais laissant toute malignité à part, je fus très-heureux de trouver l'hospitalité dans cette famille, aujourd'hui souveraine de l'Alhambra.

Les jeunes époux nous ont donné à dîner dans ces ruines où ils règnent, ils nous ont fait boire du porter sur les balcons du palais de Boabdil, et tout en causant avec la *nursery maid*, bonne d'enfant, dans les bains des femmes du roi de Grenade, nous avons vu jouer les petits Anglais sur les mêmes dalles où couraient les fils des princes musulmans. La rencontre de ce ménage, méthodiquement établi à l'entrée de l'Alhambra, nous rappelait le désespoir de M. de Forbin lorsqu'il trouve des Anglaises en spencer au pied des pyramides.

Tandis que les jeunes frères et sœurs suivent pédantesquement le cours d'une journée d'éducation anglaise, la mère, jeune aussi, dessine l'Alhambra, dont elle rapportera chez elle les vues et les plans les plus détaillés, les plus exacts qu'on ait encore faits de ce palais. L'architecture mauresque se prête au dessin; sur le papier ses défauts sont atténués, ses beautés ressortent, l'effet général grandit sans qu'on perde les détails. Il résulte de là que le graveur le plus fidèle peut mentir malgré l'exactitude irréprochable de ses imitations de détail. Je vous dis ceci pour vous prémunir contre les déceptions des Keepsake, et pour me faire pardonner mon incorrigible sincérité.

Nous fûmes bientôt lassés de la contemplation des vertus domestiques et des joies conjugales : heureusement les enfants ne dînaient point à table; leur bonne leur servit un *pudding aux pommes* dans une salle séparée de la nôtre, et nous mangeâmes notre *olla podrida* sans être obligés de nous récrier à chaque instant sur l'esprit, la santé, l'instruction précoce des enfants de nos hôtes.

Il faut cependant rendre justice à la jeune femme, elle n'exagère pas la tendresse maternelle.

Voici une preuve de l'extrême modération de l'affection qu'elle porte à ses enfants.

C'est à Séville, comme je l'ai dit, chez le consul d'Angleterre, que nous avons fait connaissance avec cette famille. La femme est charmante, pleine de grâce, d'élégance, mais d'une santé délicate ; le père est instruit, il sait tout ce qu'il faut savoir quand on a l'honneur d'être un sujet anglais né à Londres au dix-neuvième siècle. Cette jeune famille se compose déjà de cinq ou six enfants, je ne les ai pas comptés.

Quand les médecins eurent décidé que le séjour de Séville pendant l'été serait nuisible à la mère, qui devait aller chercher de la fraîcheur à Grenade, il fallut aviser aux moyens de faire avec sûreté ce voyage si scabreux, vu l'état actuel du pays. Des recommandations leur procurèrent la protection du commandant militaire. Il s'offrit lui-même pour servir d'escorte à cette famille anglaise, à laquelle tout le monde prenait intérêt ; mais comme il devait faire une tournée avant de se rendre à Grenade, le voyage devenait plus curieux, puisqu'il se prolongerait davantage. C'était un grand plaisir pour la jeune femme, qui aime les entreprises : un seul inconvénient restait à lever, les enfants ne pouvaient voyager avec la mère à la suite du gouverneur ; une excursion aussi longue pendant la saison des chaleurs aurait eu des inconvénients graves pour eux. D'ailleurs le commandant espagnol pouvait procurer au mari et à la femme les gîtes et les autres choses de première nécessité, mais il ne pouvait fournir aux besoins d'une famille entière avec les bonnes et les domestiques, toujours plus exigeants que les maîtres, parce qu'ils ont moins de jouissances intellectuelles pour les dédommager des privations physiques.

L'amour maternel, mitigé par la raison, eut bientôt surmonté ces obstacles.

Une charrette sans ressorts, qu'on appelle dans le pays une galère, part à jour fixe de Séville pour Grenade, où elle se rend en deux jours et deux nuits par la route ordinaire. C'est un équipage des temps de barbarie; la voiture, véritable charrette de roulier, est simplement recouverte d'une toile tendue sur des cerceaux : elle sert au transport des marchandises et des gens du pays, trop pauvres pour voyager d'une manière plus commode. Il fut décidé sans hésiter que tous les rejetons du couple voyageur seraient emballés dans cette galère avec leur bonne et confiés aux soins attentifs du majoral, qui s'engageait à rendre son dépôt en deux jours et deux nuits à Grenade, avec l'aide de Dieu et la permission de José Maria.

On adressait la petite famille par lettre de crédit à un banquier correspondant de celui de Séville qui devait pourvoir à tout avec l'intelligence et la sollicitude qu'on ne peut manquer d'attendre du premier venu, dans un pays où personne ne se dérange volontiers pour personne.

Je n'ai pu me résigner à vous laisser ignorer ce trait d'amour maternel anglais dont j'ai été moi-même témoin; je vous le certifie véritable; j'ai vu partir de Séville les petites figures roses et blanches, objets de la tendresse la plus tranquille et la *plus éclairée* dont jamais cœur de mère ait été pénétré.

En vain je hasardai quelques observations sur le peu de sûreté de la route. La voiture passe assez souvent sans être attaquée, me dit la jeune femme en écartant ses blonds cheveux et souriant de ses jolis yeux bleus; d'ailleurs fût-elle pillée, qu'est-ce que les brigands pourraient faire à mes enfants? Si on les arrête, ils seront plus heureux que moi, qui depuis mon entrée en Espagne désire en vain une pareille rencontre.

Ce stoïcisme, digne de Sparte s'il avait eu un

but, me ferma la bouche. Je reconnus qu'une attaque de José Ma 'a serait un sujet de conversation neuf et fashionable dans un *rout* de Londres, je priai Dieu pour les enfants et je partis en tâchant d'oublier la mère. C'est cette mère que nous venons de retrouver dans l'Alhambra.

Vous voyez par l'événement que c'est moi qui avais tort; toute cette famille est ici réunie, elle est en parfaite santé, si ce n'est la mère, que les fatigues de sa longue course ont rendue plus malade. Néanmoins plaignez-moi d'être arriéré comme je le suis au lieu d'être raisonnable comme elle; avec mes idées classiques sur les affections et les devoirs du cœur, j'aimerais mieux n'avoir pas le sens commun à la manière des mères françaises. Celles-ci ne passent point la moitié de leurs jours dans la *nursery* (chambre des enfants); mais si on eût proposé à la moins tendre l'arrangement adopté par madame***, la Française se serait levée comme une lionne, aurait serré ses petites têtes blondes contre son cœur (à la vérité il est probable qu'elle n'en aurait pas eu un si grand nombre à serrer), et dit à son mari : Suivez le gouverneur, moi je ne quitte pas mes enfants.

Je n'ai pas cru que la bonne réception qu'on

m'a faite à l'Alhambra dût vous priver de ce trait de mœurs. La famille anglaise ne lira point mon récit et je ne vous dirai jamais son nom *.

Il faut aller de l'Alhambra au Généralif, et non du Généralif à l'Alhambra. C'est le moyen de découvrir les points de vue de la manière la plus favorable. Ceci est un avis essentiel.

En sortant de table j'essayai de dormir; mais, ne pouvant trouver le repos, je remontai bientôt à cheval; et malgré la fatigue excessive que j'éprouvais déjà, je résolus d'aller voir coucher le soleil dans les jardins du Généralif. Quel soleil et quels jardins!... Le Généralif était la maison de plaisance, le Trianon des rois de Grenade. La nature y domine l'art, du moins ce qu'on appelle la nature dans les jardins arabes, mais enfin l'architecture n'y est que l'accessoire.

Peu de sites égalent la beauté des paysages qu'on trouve en faisant le trajet de l'Alhambra au Géné-

* (*Note écrite en 1837.*) Je me suis fait d'autant moins de scrupule de ne pas supprimer cette histoire curieuse, que j'ai appris l'année dernière à Londres la fuite de la jeune dame. Elle a encore abandonné ses enfants, et cette fois pour tout de bon, ayant pris la clef des champs avec un officier anglais dont elle va fonder ailleurs la nouvelle famille, qu'elle gouvernera sans doute avec la même *indépendance d'esprit.*

ralif, il dure trois quarts d'heure à pied. Rien de plus poëtique, de plus réellement romantique, que cette partie du pays, c'est une succession de rêves à la manière des danses de mademoiselle Taglioni.

On sort de l'Alhambra vers le haut de la colline par la partie la plus ruinée de cette forteresse poétique; là on se trouve à la moitié de la hauteur d'une montagne fleurie; puis on suit un sentier bordé de haies de grenadiers, de cistes et de yuca, dont les feuilles en éventails sont placées là comme pour rafraîchir l'air : la vigne, égarée parmi les pierres et rampant entre les plantes, semble imiter dans son abandon tous les caprices, tous les écarts de l'architecture du pays : on dirait que le pampre s'est chargé de justifier le marbre. La folie et le désordre de la végétation donnent à ces campagnes heureuses un air de négligence qui plaît; c'est peut-être plus beau que du temps des Maures; c'est au moins plus pittoresque, plus poétique. Ce sentier est sinueux et étroit, deux chevaux peuvent à peine y marcher de front; les pentes sont rapides et taillées en zigzags, elles vous conduisent à travers une vallée, ou plutôt un précipice de plantes et de ruines fleuries, jusque sur la montagne du Généralif. Vous passez sous des arcs mauresques; vous admirez de ce point les murs extérieurs de l'Alhambra, dont vous mesurez la force par l'immensité de leurs débris; puis vous entrez dans les jardins de plaisance.

Là vous attend une scène plus fantastique, plus étrange encore. Toute la magie des Maures fut employée à orner ce séjour, auquel je ne saurais comparer rien de ce que j'ai vu en ce monde. J'ai quelquefois rêvé d'îles enchantées suspendues dans le ciel, mais assez près de la terre pour que leurs habitants, en plongeant la vue sous les nuages qui se confondent avec elles, pussent encore distinguer ce qui se passe dans le séjour des humains: c'est à ces îles que je pensais en parcourant le Généralif.

Faible comme un convalescent, mon esprit gagnait en liberté tout ce qu'il perdait en netteté; une ombre délicieuse, tiède, transparente et parfumée étendait son voile sur mes yeux; je voyais par les yeux de l'âme plus que par ceux du corps: et l'âme transforme tout ce qu'elle contemple: parce qu'avant tout l'âme est une puissance créatrice. Partout où l'âme règne vous trouvez l'invention, espèce de vérité la plus sublime de toutes. Inventer ce n'est pas tromper: j'invente malgré moi en vous peignant le Généralif; mais je ne ments pas; mes inventions ne se rapportent qu'à ma vie intérieure, le dehors est exactement décrit; je suis vrai pour mon âme, et vrai pour mes yeux; mais ces deux vérités ne sont pas de même nature... Toujours parallèles, elles ne se confondent jamais.

Ce qui reste du palais du Généralif n'est qu'un pavillon très-petit, mais parfaitement élégant.

Dans cette maison de plaisance, tout ce qui est construction tient peu de place; mais il y a un rapport si juste entre l'art et la nature, entre l'esprit des ornements et l'âme des sites, entre la vie de l'homme et la vie du lieu, qu'on est enchanté sans savoir de quoi. Chaque détail pourrait passer pour mesquin en lui-même: l'ensemble est ravissant. Je voudrais deviner à quoi tient cette magie, dont je n'ai ressenti la puissance qu'ici.... Mais je m'arrête dans mes recherches pour laisser votre sagacité suppléer ce qui manque à la mienne. Mon défaut, quand j'écris, est de vouloir tout dire. C'est aussi celui des Allemands.... non pas de Heine pourtant. Les peintres trop scrupuleux, n'ont qu'eux-mêmes pour juges de leur mérite, et ils courent grand risque d'être lourds; mon style a précisément le défaut que je reproche à l'architecture mauresque.

Il y a de ravissants jardins autour du Généralif : ce qui reste du palais, mêlé aux arbres qui sont plantés, taillés et toujours entretenus dans le goût mauresque, produit un effet aussi curieux qu'agréable : ce petit palais n'était qu'un pavillon ; je l'appellerai toujours le Trianon des rois de Grenade ; il est habité dans ce moment par le gouverneur, qui reste invisible. Les peintures et les ciselures de l'intérieur sont merveilleuses. Ce séjour ravissant est entouré de plusieurs rangées de cyprès aussi vieux que le palais même : on les appelle les cyprès de la sultane.

Je ne sais ce qui m'a donné le courage de sortir de ce lieu enchanté....

Orangers, citronniers plantés le long des allées cailloutées ; bassins de marbre qui versent l'onde en nappes et la lancent en gerbes : torrents qui tombent en cascades murmurant dans leur lit de pierre de taille comme des ruisseaux naturels glissent sur des rochers de granit ; buis découpés à l'antique ; bosquets, terrasses, dont les rampes et les sables de couleur disparaissent sous les branches touffues des lauriers ; tours tapissées de lierres, verdoyantes ruines de l'Alhambra, palais devenu prairie, et que je découvre au loin sous mes pieds, parmi les arbres des jardins solitaires, ne me révélez-vous pas toute une histoire? Ce palais aérien que je parcours me semble créé d'hier, tant il est entier et brillant : c'est un épisode du grand poëme du passé retrouvé par miracle. Le temps à peine imprima ses pas sur ces édifices légers comme lui, le silence et la mort se sont emparés des lieux, mais sans en déranger la poétique ordonnance. Ce n'est pas la destruction ordinaire; ces monuments ressemblent à des corps embaumés. Dans ces retraites voluptueuses devenues cimetières, les fleurs renaissent sur les tombeaux, et l'onde, amenée là par les anciens habitants, continue de couler pendant des siècles après qu'ils ont disparu. Cette eau reste suspendue dans la prison qu'on lui avait élevée sur la montagne à force d'art et de travail, pour attester le pouvoir et pour perpétuer l'esprit d'un peuple qui n'est plus. Ces rivières dans les nuages font le charme des palais arabes.

Nous sommes ici dans une haute montagne, où l'eau surabonde comme dans une vallée fertile.

L'eau distribuée partout, dans les maisons, dans les mosquées, joue un grand rôle dans la religion comme dans les voluptés des musulmans. Les mahométans la prennent pour l'emblème de la pureté de l'âme; les murs de l'Alhambra sont surchargés d'inscriptions qui font allusion à cette idée.

L'enceinte du Généralif est distribuée en plusieurs compartiments de jardins séparés par des portiques et des terrasses. Dans l'un de ces parterres on montre aux étrangers un vieux cyprès qui date du temps des rois maures : c'est au pied de cet arbre, selon la voix populaire, que la dernière reine a plus d'une fois mérité la colère du roi Boabdil, son époux et son maître.

Dans un autre jardin, à l'extrémité d'un canal de marbre tout couvert d'orangers et de myrthes dont les branches retombent en berceaux naturels sur des bords artificiels, il y a un cours d'eau d'une force et d'une vitesse extraordinaires : c'est pittoresque par l'abondance et la direction du ruisseau, qui représente un vrai torrent alpestre, emprisonné dans un coin des jardins d'Armide. On peut s'asseoir sur ce bord et laisser passer les heures sans mesurer leur rapidité. Mais gardez-vous de vous figurer toutes ces jolies choses en grand : si vous conservez dans votre souvenir la mesure des monuments des deux Italie : antique et moderne, vous êtes perdue; vous n'éprouverez que des mécomptes et, sans apprécier même le mérite qui caractérise l'architecture mauresque, l'élégance des détails, vous passerez avec humeur devant des monuments où le goût le plus difficile ne peut s'empêcher d'admirer beaucoup et d'étudier encore davantage.

Si j'ai joui du Généralif plus que de l'Alhambra, c'est que j'en attendais moins; puis, je le répète, au Généralif la nature domine, tandis qu'à l'Alhambra c'est l'architecture.

Au moment du coucher du soleil nous avons vu la terre se fondre avec le ciel, les lointains prendre une couleur lie de vin, les nuages s'enflammer et devenir rouges comme du sang, la neige se colorer de teintes roses, grises et violettes. A cette heure des miracles, la poussière de la ville brillait comme des paillettes d'or et d'argent, et la plaine, mouchetée de bouquets d'arbres qui ressemblent aux taches d'ombre formées sur la mer par les nuages les jours de calme, s'illuminait sous les feux de paille des moissonneurs. Ces fanaux commencent à luire sur la terre, au moment où l'on voit les étoiles s'allumer dans le ciel. Cette double magie du ciel et de la terre qui s'enflamment en même temps chaque soir, est un spectacle trop beau pour mes forces. J'avais trop vu, trop senti, vécu trop de siècles dans un jour. Je suis rentré mort de fatigue, il a fallu me coucher; je n'ai pu dormir, et toute la nuit j'ai craint d'avoir rattrapé la fièvre.

J'étais mieux ce matin en me levant, et le premier usage que j'ai fait de mes forces a été de vous écrire ce que je viens de voir.

LETTRE LVI.

SOMMAIRE.

Influence de la politique sur le caractère des Espagnols.—En général ce peuple manque de complaisance.—Froideur de sa politesse notée.—Plaisir de refuser les étrangers, naturel aux Espagnols.—Illusion du voyageur sur l'attachement des Andaloux pour leur gouvernement.—Symptômes de révolutions.—Ferdinand trop tyran pour un roi faible.—Histoire de doña Mariana Penelia.—Les femmes employées comme agents révolutionnaires par les libéraux.—Cette dame fait broder un drapeau.—La commission militaire.—Elle n'ose prononcer.—Opinion du gouverneur O. Lawler.—On écrit à Madrid.—Réponse du roi. La coupable est condamnée à être pendue.—Elle refuse de nommer ses complices pour avoir sa grace.—Solitude de la ville sur son passage.—Elle monte sur l'échafaud avec un courage inébranlable.—Mauvaise politique de Calomarde.—Draps noirs suspendus aux fenêtres des maisons le jour de la fête du roi.—Effet moral de cette exécution.—Changement dans les mœurs.—Parallèle entre la jalousie et l'avarice.—Conversation avec le médecin de Grenade.—La prudence du docteur.—Elle cède à la colère en voyant les honneurs militaires rendus au père général des franciscains.—Prédiction du docteur.—Vanité révolutionnaire des Espagnols.—Le cortége du père Cyrile.—Opinion de la classe moyenne.—Cette classe est plus arriérée en Espagne qu'ailleurs.—Elle adopte la politique moderne, mais en philosophie elle s'est arrêtée à Voltaire.—Ce qui peut résulter de cette contradiction.—Résumé de l'opinion de plusieurs voyageurs.—Ce que pensait Wellington de la valeur des Espagnols.—Ils sont braves comme partisans.—Le brigandage nuit au vrai courage.—Ses conséquences sont incalculables.—Il finit par prendre rang parmi les industries légitimes.—Les magistrats coupables des crimes du peuple.—Mauvaises lois.—Effets de tant de corruptions.—Inquiétudes des ordres religieux.—Symptômes précurseurs d'un bouleversement social.—Chartreuse de Grenade.—Description du site de ce monastère.—Crépuscule du soir.—Impression poétique qu'il produit.—Pourquoi je voyage.—La convalescence rend sensible aux beautés de la nature.—Histoire d'un prisonnier d'état renfermé à l'Alhambra.—Justice du roi.—La lettre de cachet et la consultation de médecin.—Corruption des mœurs en Espagne.—Pourquoi le langage de tous est en général décent.—L'intérêt de chacun est de se taire.—Sévérité des lois: inutile.—Les réputations des nations sont aussi fausses que celles des personnes.—Droits d'entrée sur les denrées à Madrid.—Les moines sont exempts de cette charge.—Usage qu'ils font du privilége.—Le clergé peu respecté des auteurs dramatiques.—On se moque des choses saintes sur la scène.—Influence des idées françaises sur l'Espagne.—Ces idées ne sont adoptées que par peu d'hommes, mais elles préparent des changements importants.—Comparaison entre l'état matériel de la France et celui de l'Espagne.—Les libéraux espagnols nous offrent comme des modèles à leurs compatriotes, de même que chez nous on nous rend les émules des Américains.—Craintes de l'auteur pour l'avenir de l'Espagne.—Vaudra-t-il mieux que le présent.—Différence qu'il y a entre l'Andalousie et la Castille.—Désintéressement des Castillans. —L'auteur préfère le caractère des peuples gouvernés monarchiquement à celui des nations républicaines. —Les Espagnols sont fanfarons et pourtant sincères.—impossibilité de faire conduire des chevaux andaloux en France.— Pieuse fraude d'un curé de Grenade. -- Réputation de sainteté acquise à peu de frais.

A MONSIEUR JULES JANIN.

Grenade, ce 23 juillet 1831.

Je vous ai déjà parlé plusieurs fois des difficultés qu'on éprouve en Espagne à propos de tout; je ne puis les oublier, ni par conséquent vous épargner la répétition de mes plaintes. Ces entraves tiennent au caractère des personnes autant qu'à la nature des choses. Peut-être les circonstances politiques ont-elles en ce moment une influence défavorable sur l'humeur des Espagnols; ceci paraît d'autant plus probable, que je remarque une différence entre la manière dont on nous reçoit à Grenade et l'accueil qu'on nous faisait à Séville. Grenade souffre plus que toute autre ville de la réaction royaliste exercée depuis quelque temps contre les révolutionnaires de l'Andalousie; quoi qu'il en soit, je trouve, d'après ce que je vois tous les jours en communiquant avec les personnes de ce pays, que le mot complaisance devrait être rayé de leur dictionnaire; ce serait franchise que de bannir de la langue une expression qui ne répond à aucune action de la vie; même les médecins de Grenade ne soignent leurs malades qu'à condition que ceux-ci habitent dans l'intérieur du cercle où chaque docteur consent à se mouvoir. Au lieu de la bonté, de la serviabilité active qu'on trouve assez généralement chez les autres peuples civilisés, les Espagnols ont adopté des formules de politesse très-froides, qui leur tiennent lieu d'actions; ce sont des cérémonies domestiques, où chaque parole, chaque geste ont été notés d'avance, comme le plain-chant d'église, mais au moyen desquels l'étranger, comblé de compliments, est tenu réellement à une grande distance du maître de la maison. Cette redondance choque les oreilles du voyageur au lieu de les flatter, parce qu'on reconnaît promptement le vide et le faux d'un langage si obséquieux : *Ma maison est à vous, ma famille est à vos ordres, tout ce que je possède est à votre disposition* : ces paroles trop belles pour n'être pas oiseuses, aboutissent à un refus formel chaque fois que vous vous croyez autorisé, par des offres si magnifiques, à faire la demande la plus discrète et la plus naturelle.

Depuis que j'ai vu le Généralif je ne rêve qu'au bonheur de pouvoir passer quelques heures de la journée sous les bosquets qui font le charme de ce séjour. Quarante-huit heures de négociations assez actives pour ce pays-ci n'ont pu encore décider l'intendant du palais à m'accorder cette permission; rebuté directement, j'ai adressé ma requête à une personne puissante, au gouverneur militaire de la ville, pour qui j'avais une recommandation; j'ignore si ce moyen me réussira. Refuser un étranger me semble, pour les Espagnols, un plaisir de premier mouvement. A la vérité, si j'échoue par la voie légitime, il me restera la ressource d'offrir quelques réaux à la servante de l'intendant ou au garçon jardinier.

La voie de la corruption est la plus sûre, et c'est toujours à elle qu'on revient en Espagne pour les petites comme pour les grandes affaires: Basile et Figaro sont les types des Espagnols modernes, comme Don Quixotte et Sancho étaient ceux des vieux Castillans.

La bonne humeur n'est plus naturelle au peuple de ces provinces: il souffre moralement, physiquement, et ses maux aigrissent son esprit. Le soupçon, la défiance, l'insociabilité, l'avarice, sont les seuls traits de caractère qu'ils laissent apercevoir aux étrangers.

Avant d'avoir parcouru toute l'Andalousie, je croyais que l'Espagne était aujourd'hui, de tous les pays de l'Europe, le mieux défendu contre une révolution sociale. L'esprit du gouvernement actuel me paraissait d'accord avec les idées de la grande majorité de la nation; je pensais que le peuple conservait un attachement superstitieux pour ses anciennes institutions, et je me disais que le catholicisme suffirait longtemps encore à la politique et à la philosophie des habitants de cette noble et vieille terre; mais depuis que je regarde les choses de près et que j'ai interrogé beaucoup de personnes de toutes les classes, je vois bouillonner des passions terribles au fond des cœurs : ce peuple se croit humilié sous la foi de ses pères, il rêve à ce qu'il appelle l'émancipation de l'intelligence, pour lui, penser c'est se venger : et qui peut calculer jusqu'où va la vengeance de l'amour-propre chez un Africain, un homme sujet aux passions profondes, aux colères méridionales : colères violentes, comme si elles éclataient toujours, et durables comme si elles n'éclataient jamais?

Enfin, depuis que je vis ici, je me sens saisi d'une terreur insurmontable; je crois marcher sur un volcan éteint, mais près de se rallumer et dont le réveil sera d'autant plus terrible, que son sommeil a duré plus longtemps.

Un changement dans la forme politique de l'Espagne me paraît désormais inévitable. L'ordre de choses actuel peut durer plus de temps que je ne pense : sa prolongation dépend de la vie du roi, et encore bien plus de l'état des finances. Mais à la première secousse un peu forte vous verrez un bouleversement total, et qui ne peut avoir lieu sans de grands malheurs. Le peuple espagnol se montrera plus cruel que le nôtre; j'espère pourtant que ses chefs seront moins pervers que ne l'étaient les directeurs secrets des mouvements populaires en France lors de notre première révolution.

Le roi Ferdinand est trop tyran et ne l'est pas assez pour perpétuer son autorité. Il commet des cruautés partielles qui exaspèrent les peuples sans les dompter. Il les irrite sans les épouvanter : on dirait qu'il a peur de faire peur. Il n'est ni de notre temps, ni du temps de ses idées : ou plutôt il n'a pas d'idées, il n'a que des intérêts.

Voici un fait dont je vous garantis l'authenticité, et qui vous fera juger le gouvernement ainsi que les hommes qui l'attaquent. Vous verrez que le pouvoir se défend ici avec une cruauté qui dénote, non pas un système, mais une passion. Cette passion qui ne prend conseil que de la faiblesse, c'est la peur.

Le roi semble avoir changé de rôle avec ses ennemis; ceux-ci sont fermes, il est violent.

Depuis longtemps les libéraux espagnols avaient établi leur quartier général à Gibraltar; dernièrement plusieurs de leurs tentatives ayant échoué, ils pensèrent que les femmes seraient des agents politiques meilleurs que les hommes, moins sujets à se compromettre, moins exposés aux recherches de la police, et plus faciles à soustraire aux châtiments si l'on venait à les dénoncer; sans oublier leur puissance d'enthousiasme, qui va plus loin que la nôtre.

D'après ces considérations, ils s'adressèrent à doña Mariana Penella, dame de Grenade, noble, belle et jeune. Elle avait un oncle dont le zèle pour le parti novateur avait attiré naguère l'attention de la police. Il fut forcé de se réfugier à Gibraltar. La *société* chargea cette dame de tenir un drapeau libéral tout prêt pour l'arborer dans la ville en cas d'insurrection. Elle eut l'imprudence de commander la broderie de ce drapeau à une ouvrière dont elle se croyait sûre. Quand l'ouvrage fut à moitié terminé, cette femme dit à son amant, qui était espion du gouvernement, que doña Mariana l'avait chargée de broder sur un drapeau les mots : *Libertad*, etc., etc., etc.; l'amant espion répondit à sa maîtresse qu'il fallait porter ce drapeau à l'instant même et dans l'état où il était chez la dame qui l'avait commandé. Sitôt qu'il sut cet objet dans la maison, il la fit cerner par les agents de la police, qui n'eurent pas de peine à s'emparer du drapeau.

Depuis la dernière conspiration de Cadix, toute l'Andalousie est soumise au régime des commissions militaires. Parmi les juges qui composent celle de Grenade, il ne s'en trouva pas un qui voulût prendre sur lui ni la responsabilité de la grâce, ni celle de la condamnation. On écrivit donc à Madrid pour demander des ordres précis.

Cependant le gouverneur général de la province, le général O'Lawler, Irlandais d'origine, était si loin de penser que la dame se trouvait sérieusement compromise par ce fait, ou du moins que l'accusation portée contre elle fût de nature à mettre sa vie en danger, qu'il lui permit de demeurer tranquillement prisonnière sur parole dans une maison religieuse jusqu'au moment où l'on recevrait la réponse du conseil. Huit jours s'écoulèrent avant qu'elle arrivât;

si doña Mariana avait pu prévoir cette réponse, rien ne l'aurait empêchée de s'échapper et d'aller rejoindre son oncle à Gibraltar. Ses parents et les hommes de son parti s'endormirent comme elle. Peut-être avaient-ils trop peur pour montrer leurs craintes; il aurait fallu se compromettre pour la sauver : ils crurent à la clémence du roi.

Enfin la décision de ce prince arriva ; c'était l'ordre de faire pendre dans les vingt-quatre heures doña Mariana Penella ; on assure que la lettre adressée au gouverneur général portait que cette décision avait été prise d'après l'avis exprès de sa majesté.

La sentence garantissait la grâce à la coupable si elle consentait à nommer ses complices.

Cette jeune et faible femme devint subitement un héros ; elle refusa de répondre et demanda qu'on lui fit subir l'arrêt prononcé contre elle, ajoutant ce mot remarquable : « Le souvenir de mon supplice fera plus pour notre cause que tous les drapeaux du monde »....

On la promena par la ville, selon l'usage, sur un âne, les mains liées et portant un crucifix. Pas une fenêtre ne resta ouverte sur son passage, pas un curieux ne se montra dans les rues. Exécutée au milieu d'une ville populeuse, elle pouvait croire qu'elle mourait dans un désert. Cette absence de spectateurs était la seule consolation qu'elle pût recevoir : ce trait fait honneur à la victime et à la ville entière.

Au pied de la potence sa grâce lui fut offerte de nouveau à la même condition. La fermeté qu'elle avait montrée jusque-là ne l'abandonna pas; elle sortit victorieuse de cette torture morale, monta rapidement la fatale échelle, et mourut avec un courage sublime. Voilà comme la tyrannie est parvenue à faire d'une étourdie une martyre!

L'esprit de parti lorsqu'il va jusqu'à rendre les gouvernements cruels, les rend en même temps stupides.

Doña Mariana était veuve, riche, et âgée de vingt-huit ans : elle a péri peu de jours avant notre arrivée à Grenade. C'est la stupeur causée par cet horrible drame qui rend encore les habitants de cette ville si mornes et l'aspect des rues si différent de ce qu'il est, dit-on, ordinairement.

On assure que le conseil des ministres, Calomarde à sa tête, avait averti le roi de la nouvelle tactique des libéraux, qui venaient d'enrôler beaucoup de femmes dans leur invisible armée; ces escadrons d'amazones ont tant effrayé Ferdinand, qu'il s'est déterminé sur-le-champ à faire un exemple, sans penser que par sa terreur même il donnait à ses ennemis la mesure de leur force et de sa faiblesse.

Ce qui est certain, c'est que cette exécution a paru révoltante aux habitants de Grenade, grands et petits, et que la victime a excité un intérêt général. Le jour de la fête du roi suivit de près celui du supplice de doña Mariana; au lieu des riches tentures dont chaque année tous les balcons de la ville sont ornés pour solenniser cet anniversaire, on vit un drap noir suspendu aux fenêtres de beaucoup de maisons.

Je ne puis affirmer ce dernier fait comme les autres, parce qu'il m'a été raconté par un libéral anglais, et qu'en général les Espagnols évitent avec soin de parler de ces choses.

Depuis la catastrophe que je viens de vous raconter, il n'y a plus de société à Grenade. La famille de cette jeune femme, sans être des premières du pays, tenait cependant à ce qu'il y a de plus considérable dans la province; le gouverneur pensait qu'elle serait condamnée à quelques jours de prison; il avait exprimé hautement son opinion sur le peu de gravité des charges; on faisait des paris sur la nature du châtiment, mais personne, ni amis ni ennemis, n'avait songé à la mort.

Depuis le jour de l'exécution, la terreur règne à Grenade, et les personnes du pays évitent les étrangers comme des agents provocateurs. Toute conversation sur les affaires publiques est impossible. On s'interdit comme dangereuse la gaieté un peu bruyante : on n'est rassuré que par l'ennui ; aussi s'étend-il en liberté dans ce séjour, naguère encore l'empire du plaisir et de la folie.

En attendant pis, toutes ces précautions tournent au profit de l'avarice et de la jalousie. Depuis que je parcours l'Espagne, j'ai découvert une singulière accointance entre ces deux passions : l'avarice est la jalousie de la richesse, comme la jalousie est l'avarice de l'amour.

Opprimés comme ils le sont, il ne reste aux Andaloux que d'être avares et jaloux ; et d'après la connaissance que je crois avoir de leur caractère, cette nécessité n'est pas ce qui leur rend leur joug insupportable.

Quels germes de ressentiments des actes comme ceux que je viens de vous raconter ne doivent-ils pas laisser dans des cœurs méridionaux ?

Le sang africain bouillonne pour la vengeance : celle de ce peuple sera terrible.....

Mon médecin est un homme savant ; il me paraît d'un caractère sage, et ses opinions, autant que je puis en juger malgré la réserve de ses discours, sont modérées. Remarquez que la modération du caractère devient aussi dangereuse que la passion dans les temps de violences politiques. Tout ce qu'elle fait et dit a du poids, et dès qu'elle abandonne un parti elle le noie.

Ce médecin qui aime la cour, dont il a reçu des marques de faveur, notez ce point, se trouvait chez moi hier l'après-midi. Nous causions le moins possible, et tout juste assez pour ne pas nous dire en face que nous avions peur de causer.

Tout à coup je vois ce grave docteur se lever, s'éloigner de la fenêtre avec horreur, et marchercomme un forcené dans la chambre; il devient pâle, vert; sa bouche se contracte, ses genoux tremblent; un papier qu'il tient à la main, et sur lequel il vient d'écrire une ordonnance qui doit achever de me rendre à la vie, est broyé dans la convulsion de ses doigts et de ses dents, car il mordait ce qu'il portait à sa bouche, enfin cet homme si prudent, si politique il n'y a qu'un instant, laisse échapper de ses lèvres bleues de rage ces mots, interrompus dix fois par des sanglots et des cris étouffés : « Tenez, monsieur, vous les voyez..... Regardez-les, contemplez notre honte! Voici nos rois!.... Oui, monsieur, vous voyez un des rois actuels de l'Espagne, plus roi que le roi, mais leur règne sera court!... ah oui!... je le jure... il sera court, et il aura... il aura une mauvaise fin!... voyez-vous?... moins encore parce qu'il est oppressif que parce qu'il est déshonorant..... Cet abominable joug serait déjà brisé si les Espagnols étaient moins lâches..... Mais nos enfants se lasseront d'être les soldats des moines..., et, par une énergie nouvelle, ils rendront à l'Espagne la place qu'elle a perdue dans l'estime de l'Europe. »

Ce mot trahit la préoccupation des Espagnols modernes. Je l'ai déjà signalée ailleurs. Ils ne vivent plus en eux-mêmes; ils sont toujours en présence des autres peuples : c'est un spectacle curieux que celui d'une nation prête à faire une révolution par vanité, et pour se mettre à la mode; un peuple sujet aux ridicules d'un homme : quel étrange phénomène!!!....

Mon furieux continua : « Tenez, tenez, voyez si nous ne méritons pas le mépris du monde entier par notre apathie politique!!! »

A ce moment j'entendis le tambour battre au champ, je me penchai vers la place, et je vis passer sous ma fenêtre le père Cirille, général des franciscains, qui arrivait à Grenade, en faisant une tournée dans la province pour les affaires de l'ordre. C'est l'ancien confesseur du roi, éloigné de la cour, mais qui jouit dans son exil de tous les droits ecclésiastiques. Comme général d'ordre, et comme grand d'Espagne de première classe, ce religieux est reçu avec les honneurs militaires partout où il se présente. Je vis le gouverneur militaire de Grenade, et une partie de la garnison de la ville, marcher à sa suite, au son du tambour; le cortége était nombreux et imposant : le saint personnage s'avançait avec une dignité non affectée, et distribuait des bénédictions à quelques personnes du peuple agenouillées sur son passage : ces démonstrations de piété dans la rue faisaient un contraste bien frappant avec les imprécations qui retentissaient dans ma chambre. J'assistais à un drame aussi philosophique que ceux de Shakespeare.

Tant d'imprudence et de colère dans un homme aussi sage, et jusque-là aussi cauteleux que mon docteur, me donne beaucoup à penser.

Je vous laisse à tirer les conséquences de ces faits.

Les sentiments et les opinions du médecin de Grenade sont ceux qui me paraissent dominer aujourd'hui la classe moyenne et une partie de la classe supérieure de la nation. A la vérité ces classes ne sont pas nombreuses en Espagne; mais ce sont celles dont les idées ont le plus d'organes et trouvent le plus d'échos.

Ce qui m'épouvante, c'est de voir que ces classes,

qui répondent à ce que nous appelons chez nous la partie éclairée du pays, n'ont point marché du même pas en Espagne que dans les autres contrées de l'Europe : et qu'au lieu de la réaction religieuse qui se prépare en France et ailleurs, les Espagnols instruits, c'est-à-dire ceux qui se croient assez de culture d'esprit pour mépriser leurs compatriotes, en sont à l'incrédulité intolérante de Voltaire et des philosophes du dix-huitième siècle. Dieu sait ce qui peut sortir de ce conflit d'opinions politiques, philosophiques et religieuses !

Bientôt nous verrons les Espagnols en avant, peut-être, pour la liberté pratique, tandis qu'ils seront resté[s fo]rt en arrière pour la théorie : et qui peut savoir quel choc naîtra de toutes ces complications de choses et d'idées ?.....

Tant d'inconséquence est incompatible avec un ordre social quelconque; je ne puis m'empêcher de craindre pour l'avenir d'un pays où, en fait d'innovations, les actes précéderont les opinions. Moins on pense plus on agit : où la bonne foi naturelle de ce peuple le conduira-t-elle, dans la voie des réformes politiques et religieuses ?

Il serait téméraire à moi de juger sévèrement les Espagnols d'après le peu de notions que j'ai pu recueillir sur eux pendant un voyage aussi rapide que le mien, à travers un royaume où chaque province a son caractère propre, et plus distinct que celui de bien des peuples séparés par le gouvernement et par le langage. Je n'ai pu observer par moi-même, avec quelque suite, que les Andaloux, qui sont les hommes les plus brillants de l'Espagne, mais les moins sérieux, les moins dignes de l'estime que méritent les vertus primitives, attribuées généralement en Europe à la nation espagnole.

Je confesse que je retrouve ici peu de traces de ces vertus; mais je commence par me récuser, et par vous avouer que les aperçus que je vais vous donner ne sont pas de moi : c'est le résumé de plusieurs conversations que j'ai eues avec des Anglais établis depuis longtemps dans diverses parties du pays, entr'autres avec quelques officiers des plus instruits et des plus sages de Gibraltar; mais enfin, tout éclairés qu'ils sont, ces hommes sont étrangers à l'Espagne. J'ai retrouvé ici plusieurs de ces messieurs : voici le langage qu'ils tiennent à peu près, sans exception :

« On parle dans le monde entier de la valeur espagnole : vieille réputation!!..... C'est une vertu difficile à reconnaître dans un peuple aussi fanfaron que l'est celui-ci! D'où vient que la nation anglaise, unie aux Espagnols pendant toute la guerre de l'occupation, et par conséquent bien disposée pour eux, méprise leur courage comme soldats enrégimentés, depuis qu'elle les a vus à l'œuvre? D'où vient que les personnes qui ont le plus approché du général en chef de l'armée anglaise pendant la campagne, ont souvent entendu répéter à ce capitaine, connu pour la réserve de ses discours, que lorsqu'il préparait une expédition régulière contre les Français, et qu'il agissait de concert avec les Espagnols, il comptait ceux-ci absolument pour rien? C'est qu'ils ont de la valeur comme partisans, et qu'ils n'en ont pas comme troupes de ligne. Telle est l'opinion connue du duc de Wellington. Que sont donc devenus ces soldats qui, pendant la guerre de trente ans, ont fait trembler l'Europe?

» Ecoutez leurs rodomontades : ces vanteries continuelles déprécieraient les plus beaux faits d'armes.

» Ce n'est pas comme militaire, c'est comme paysan indépendant et vindicatif que l'Espagnol a mérité, non l'admiration, mais la sympathie de l'Europe pendant la première guerre d'invasion.

» Le brigandage est une des principales causes de la perte du courage légitime de cette nation. Le brigandage y est arrivé à un tel point, que les étrangers ne peuvent se figurer l'influence qu'il exerce sur toutes les actions de la vie, surtout dans les provinces andalouses. Il a des affiliations dans toutes les administrations; partout il substitue la corruption à l'audace : il a déjà les vices d'un vieux gouvernement; il se passe d'énergie; il habitue les caractères à la trahison et à la cruauté sans risques. Lui-même il devient lâche comme ses adversaires; il n'emploie pas plus de force pour attaquer la société qu'elle n'en a pour se défendre : c'est le régime le plus corrupteur qu'on puisse donner à un peuple corrompu; aussi peut-on dire des Andaloux que tout ce qui habite les villes est à vendre, et tout ce qui vit dans les campagnes à pendre. »

Je vous ai souvent parlé de l'inutilité des escortes; j'étais dans l'erreur. Elles sont presque toujours, non-seulement utiles, mais suffisantes. Voici pourquoi. J'arrive dans une ville; je m'adresse, comme vous l'avez vu plusieurs fois, à mon banquier ou à toute autre personne respectable pour laquelle j'ai des lettres de recommandation. Je m'informe de l'état des routes : on me répond toujours la même chose; c'est-à-dire qu'on commence par m'affirmer qu'elles sont parfaitement sûres, mais qu'il faut tromper l'aubergiste et tout le monde sur la route que je prendrai, ainsi que sur le jour de mon départ; enfin, on me conseille comme *une précaution absolument nécessaire* de prendre six, huit ou dix miliciens pour escorte. Je paye ces hommes fort cher; trois francs par jour chacun et le retour, sans compter la nourriture. Or ces protecteurs sont tous connus pour être des brigands ou des affiliés à la bande dominante dans le pays. Ils ne me défendent point, mais moyennant le tribut que je paye par eux au chef suprême, ils font entendre raison aux voleurs de la route et à leurs correspondants de l'auberge : ma sûreté se négocie, et si l'on trouve que ma dépense soit proportionnée à l'état qu'on me suppose et à l'importance de mon train, on me laisse passer sain et sauf. Je voyage ainsi de chef-lieu en chef-lieu (chef-lieu de brigandage), et ce moyen est presque toujours efficace. Employé par tous les voyageurs, il assure l'entretien et l'aisance des bandits, sans violence ni danger pour eux ni pour nous : et voilà comme le vol de grand chemin s'est régularisé en industrie, et comme l'adoucissement des mœurs fait du crime un vice inhérent à certaine société.

Avec la vénalité de l'administration subalterne et les préoccupations politiques du gouvernement, il n'y a pas de raison pour qu'un métier si commode et si lucratif ne se perpétue pas dans l'état comme toute autre profession. C'est un gouvernement dans le gouvernement : tout le monde blâme et déplore cet abus, personne ne l'extirpe.

Dans toute l'Espagne, je vois que les magistrats,

depuis les plus grands fonctionnaires de l'état jusqu'aux derniers employés de l'administration, sont les complices des vices et des crimes que nous reprochons aux peuples.

Quelle nation pourrait résister toujours à l'influence morale de lois injustes, rendues encore plus iniques par la manière dont on les applique ? Voulez-vous un exemple ?

Pour un meurtre, un homme est condamné à deux ans de galères; pour la contrebande, aux galères à vie.

Il résulte de tant de vices publics et privés une masse de corruption dont aucun autre pays civilisé de l'Europe n'offre aujourd'hui d'exemple. Tous les esprits sont ployés d'avance à l'injustice, à la vénalité, à la trahison, même des autres, et les gens de bien qui restent à découvert parmi ce peuple de masques, sont intimidés de leur petit nombre et se perdent à dessein dans la masse des fripons. Quelles mœurs !!.... N'est-ce pas effrayant d'uniformité ?

Un symptôme de révolution très-significatif, comme je vous l'ai dit, c'est l'inquiétude des ordres religieux; non-seulement les chartreux vendent tout ce qu'ils peuvent aliéner, mais ils ont changé leurs habitudes; oubliant la noble hospitalité qu'ils exerçaient naguère au nom de Jésus-Christ, ils ferment leur maison aux voyageurs, elle n'est restée ouverte qu'aux pauvres. Je n'ai pu pénétrer dans le couvent qu'ils ont à la porte de Grenade sans des peines infinies et des instances réitérées pendant plusieurs jours.

La position de cette chartreuse, son architecture, sa grandeur, tout est imposant. La vue qu'on a d'une espèce d'esplanade qui fait terrasse devant l'église est magnifique : c'est la Vega avec ses feux des moissonneurs et sa température caniculaire et son soleil ensanglanté, et ses bosquets, et ses cimes de la Sierra Nevada tachetées de blanc comme une peau de tigre, et de l'autre côté, vers le nord, sa bordure de montagnes de marbre bleu. J'étais là le soir : je n'oublierai jamais l'heure que j'ai passée à la porte en attendant qu'on voulût bien consentir à me laisser entrer.

L'esplanade est pavée d'une espèce de mosaïque en cailloux qui représente des saints et des guerriers. Je m'assis sur un banc : de grands troupeaux de bœufs s'acheminaient vers la ville mauresque, dont les élégants monuments brillaient à travers une poussière dorée qui animait l'air et me rappelait les tableaux de Smargiassi. L'aspect de l'intérieur du couvent m'a fait moins d'impression que ce site si triste et si beau. En présence de pareils tableaux, à l'heure où la pensée se repose avec le jour qui tombe, on se sent défaillir : c'est l'engourdissement de l'âme, c'est quelque chose qui tient du sommeil et de la mort, c'est de la poésie, c'est de la musique : souvenir, espoir, tout s'y retrouve, excepté la vie ordinaire, qui est suspendue. La rêverie est devenue réalité.

Imagination, seconde jeunesse, tu ne te perds pas comme la première; plus l'homme se sent dépouillé de tous les autres charmes de l'existence, plus la solitude de sa vie lui apparaît terrible au dehors, et plus tu brilles au dedans de lui-même, plus tu le consoles; aurore de la vérité, crépuscule d'une vie qui n'a pas de terme, jour égal comme celui du pôle, triomphe de l'esprit prêt à s'envoler, lumière du monde surnaturel, tu me fais pressentir le lever d'un soleil qui ne se couchera plus! Mais par combien d'adieux faudra-t-il acheter cette gloire si douloureusement promise, et si cruellement disputée?

Savez-vous pourquoi je voyage? Ce n'est pas pour rapporter chez moi des notes, des dates, des mesures, des faits, des chiffres : c'est pour me souvenir vaguement, mais toujours, de ces soirées où j'ai vécu par l'âme dans le sommeil de mon corps anéanti.

Cette fois, la convalescence m'a rajeuni : une guérison c'est une renaissance. Sans la maladie je n'aurais jamais retrouvé tant de sensibilité. La pensée est ce qui nous paraît le plus libre en nous. Voyez pourtant à quoi elle tient!..

L'Alhambra renferme en ce moment un prisonnier d'état dont il est assez difficile de vous conter l'histoire avec décence. Pourtant je ne puis vous priver d'un si précieux trait de mœurs et d'un si curieux exemple de justice royale. Cette anecdote galante vous prouvera que le roi d'Espagne se croit encore au temps où les princes se mêlaient de tout.

Un prisonnier d'état est arrivé la nuit dans l'Alhambra. Sourde mais grande rumeur! Toute la ville de Grenade est occupée à découvrir le crime du malheureux. On s'interroge, on cherche à faire parler le gouverneur : rien ne transpire.... Quelle nouvelle conspiration a donc inquiété le gouvernement? qu'a-t-on à craindre, à espérer pour l'Espagne? toutes questions demeurées sans réponses. A la fin rien ne reste ignoré, même en Espagne : voici donc le mystère éclairci.

Le jeune et beau prisonnier habitait Madrid. Il était destiné à la carrière diplomatique et se préparait aux affaires par des études sérieuses, qui n'excluaient pas quelques plaisirs plus vifs que délicats.

Ces distractions furent payées cher : d'abord la santé du jeune étourdi souffrit, mais comme il menait de front plusieurs intrigues, celles du grand et du petit monde, il n'eut pas le temps de s'apercevoir du danger de son état; il ne fit que pallier le mal sans vouloir s'avouer à lui-même la nécessité du remède : une dame de la cour, dont il était depuis assez longtemps l'amant en titre, reconnut avant lui toute la gravité du cas : éclairée par son médecin, peut-être par son expérience, elle ne cacha pas sa colère; le bruit de cet accident parvint jusqu'aux oreilles du roi : sa majesté, qui avait toléré le scandale public d'une liaison illégitime, ne put souffrir le mal physique, qui était la punition du désordre moral.

Il envoya au criminel une lettre de cachet et en même temps une consultation de médecins.... Depuis six mois le patient languit à Grenade. Il y en a trois qu'il est en parfaite santé et qu'il est l'objet de la pitié de toutes les femmes de la ville. Voilà comme on entend la vertu à la cour d'Aranjuez!

Au milieu d'une corruption de mœurs dont on ne trouverait peut-être pas un autre exemple en Europe (tellement que vous croiriez que je mens si j'entreprenais de vous décrire ce qui frappe ici les yeux de chaque voyageur), les Andaloux ont conservé un respect profond pour les convenances. Ils détestent les discours indécents et gardent sur les actes les plus scandaleux un silence de complicité qu'il serait impossible d'obtenir d'une société moins profondément dépravée.

Le libertinage étant ici le fait de tout le monde, personne ne trouve son intérêt à le reprocher à personne ; la médisance serait si facile à retourner contre quiconque l'emploierait, que cette arme n'est plus d'usage dans les relations de la vie. On se dit : Le désordre est devenu si général, qu'à présent ce serait l'ordre qui dérangerait l'existence. Le mieux est donc de ne pas faire un grand état d'un mal, trop universel pour le guérir par le blâme.

D'après ce calcul bien motivé, si nulle part il ne se passe autant de choses scandaleuses qu'ici, nulle part on n'entend moins parler de la mauvaise conduite des gens. Le silence est devenu la compensation du vice, qui ne s'évite qu'en paroles.

Les lois de police, contre tout ce qui peut blesser la morale, sont extrêmement sévères; mais les occasions de les appliquer sont si fréquentes, qu'on les laisse tomber en désuétude. La haine même renonce aux attaques contre les mœurs, les ennemis en viennent aux mains sur un autre terrain : la vengeance renonce aux discours et s'assouvit par des actions; ce qui la rend plus secrète et plus sûre. Tout le monde s'entr'aide pour enlever à l'autorité l'exercice d'une légitime surveillance sur la conduite des individus : le gouvernement est maintenu dans l'ignorance touchant les actes des particuliers parce qu'il est de l'intérêt de tous de vivre à côté de l'ordre, et de ne laisser à l'état que les charges de la civilisation, en gardant pour les personnes les bénéfices de la barbarie. Voilà sur quelle base repose aujourd'hui la société espagnole.

Vous figuriez-vous cela? Plus je voyage et plus je vois que les réputations qu'on fait aux nations ne sont pas mieux fondées que l'opinion qu'on a des personnes. Les peuples se jugent aussi légèrement les uns les autres que les individus.

Les abus, qui ailleurs font encore exception, sont devenus règle en Espagne et sont considérés comme une condition essentielle de la santé publique. Ce qu'on cherche à perpétuer, ce n'est plus l'ordre, détruit depuis longtemps, c'est la tolérance du désordre.... Effet naturel du régime des priviléges poussé à ses dernières conséquences.

Voici encore un fait qui m'a été conté ce matin. Je ne puis citer le nom de la personne de qui je le tiens de peur de la compromettre, mais je puis assurer qu'elle est digne de foi*:

Les droits d'entrée à Madrid pour le vin et la viande sont énormes. Mais les moines sont exempts de cette charge. Or voici le résultat d'une pareille faveur. Les religieux ne se bornent pas à profiter, pour leur propre maison de l'exception qu'on leur accorde, ce serait trop juste, et personne ne se plaindrait d'un usage si modéré du privilége.... Au lieu de cela, chaque couvent de Madrid ouvre dans la ville une boutique, où il fait revendre avec d'énormes bénéfices le vin qu'il introduit pour rien. Une de ces communautés, qui n'est composée que de *sept religieux*, a envoyé cette année à l'administration le compte du vin dont elle a besoin, dit-elle, *pour son usage*, et ce compte s'élève à cinq mille arobes, ce qui équivaut à dix mille bouteilles!...

L'administration a eu le courage ou la faiblesse de ne point réclamer. Le public a ri et glosé sans gêne, et voilà comme les moines font respecter leur mission.

* Depuis mon retour en France, je n'ai jamais pu retrouver le nom ni la qualité de cette personne. C'est une lacune laissée sur mon journal de voyage par un excès de prudence qui peint bien l'espèce d'inquisition exercée, même sur les étrangers, par le gouvernement du roi Ferdinand à l'époque de mon voyage, et la peur qu'elle inspirait.

J'ai interrogé des hommes de toutes les classes ; tous m'ont paru fort peu dévots. Les gens du peuple eux-mêmes s'expriment avec beaucoup de liberté sur les prêtres et sur les moines : ils les traitent de fainéants et les regardent comme leurs maîtres, ce qui dans leur langage est synonyme d'ennemis. En général on traite familièrement les choses saintes. Est-ce l'effet d'une vie où la piété est devenue habitude, ou bien d'un relâchement de croyance qui fait qu'on rit de la foi des anciens Espagnols? Je ne puis résoudre cette question.

J'ai vu sur plusieurs théâtres de l'Espagne, et dernièrement encore sur le principal théâtre de cette ville, des prêtres imitant les fonctions les plus sacrées de notre religion ; j'ai vu comme à Madrid le diable déguisé en curé baptisant un mécréant, confessant un mourant, et ces scènes étaient non-seulement tolérées, mais applaudies, et elles provoquaient des rires inextinguibles, rires passionnés des hommes du Midi, si enfants quand ils sortent de leur gravité habituelle.

Le clergé séculier a peu de crédit auprès du gouvernement ; peut-être doit-il à ce manque d'influence politique le pouvoir moral qu'il acquiert aux dépens des moines, qu'il déteste et dont il est détesté. Ce corps est en général composé d'hommes distingués, profonds d'esprit et fermes de caractère, mais peu croyants; tous, depuis l'évêque jusqu'au curé, sont un peu esprits forts : cette nation veut absolument commencer à penser, et elle se réveille à l'encyclopédie.

En général, les Espagnols me paraissent avoir l'esprit lent et peu brillant; je ne leur trouve guère d'imagination; depuis la domination des princes français, ils sont devenus imitateurs plus qu'inventeurs : et cela en toutes choses. Mais s'ils manquent aujourd'hui de puissance créatrice, ils ne manquent ni de réflexion, ni d'observation; ils ont surtout une qualité devenue bien rare : la conséquence; par cette qualité on traite le public comme un honnête homme traite sa conscience : et cela mène très-loin. Les Espagnols ne sont jamais à moitié ce qu'ils sont; leur orgueil repousse d'abord les conseils et les exemples de leurs voisins : mais leur bon sens finit par profiter des idées qui leur paraissent nouvelles, quoiqu'au moment où ils les adoptent elles soient déjà vieilles chez les autres peuples. Pour s'approprier les opinions étrangères, ils ont besoin de les examiner assez longtemps, pour pouvoir se persuader qu'elles sont à eux.

Figurez-vous l'effet de la guerre d'invasion, des continuelles communications avec les Anglais, des essais de constitutions libérales tentés à l'instigation des étrangers ; calculez la fermentation lente produite par les récits des exilés et des voyageurs, par l'histoire de l'Europe entière depuis vingt-cinq ans, et plus que tout cela encore par la guerre de 1823, et vous verrez que toutes ces causes réunies ont dû former en Espagne une masse d'opinions, empruntées il est vrai, mais que le temps a rendues nationales dans des têtes où rien ne s'évapore, où tout mûrit lentement, mais sûrement. Il résulte de là que l'Espagne, bien qu'elle n'ait pour ainsi dire point de classe moyenne, a toutes les idées de la bourgeoisie anglaise, allemande et française. Ces idées ne trouvant pas leurs hommes ne se perdent pourtant pas, mais elles se répandent chez les grands et chez les prêtres. Il résulte de cette singulière répercussion de la pensée, que nous ne pouvons pas juger de la marche de la révolution qui se prépare en Espagne d'après les événements dont nous avons été les témoins chez nous...... La prospérité croissante de la France, pendant les années où le gouvernement constitutionnel semblait se consolider à Paris, est un puissant argument en faveur d'une réforme ; les novateurs espagnols s'en servent à peu près de la même manière que les partisans de la démocratie absolue emploient chez nous l'admiration et l'envie qu'excitent dans les masses l'accroissement de la richesse du peuple américain.

D'après ces réflexions, je vous répète qu'il est impossible de prévoir l'époque où s'opérera la révolution espagnole, et le caractère qu'elle aura; il est également impossible de ne pas reconnaître que ce pays ne peut éviter de subir un bouleversement politique et religieux.

Ne me demandez pas si ce changement ne sera point acheté par des crimes et des calamités pires que les maux qui l'auront motivé. En politique je professe le même scepticisme, que prêchent en religion les hommes de mon temps, si tranchants cependant, si dogmatiques, touchant les questions de gouvernement.

Ces héritiers de l'abbé Sieyès ont fait des religions de leurs théories constitutionnelles, comme si le sort des âmes et même celui des nations tenait à la forme des gouvernements; dévots d'une nouvelle espèce, ils substituent les préjugés philosophiques des encyclopédistes, à ce qu'ils appellent la superstition des peuples croyants; jusqu'à présent ce déplacement de la foi me paraît utile à la richesse des nations, mais nuisible à leur moralité.

Je me suis gardé de chercher à dissimuler les inconvénients du gouvernement théocratiquement monarchique, sous lequel vivent aujourd'hui les Espagnols : cet état exige des réformes sans doute; tout le monde en convient, et moi comme tout le monde; je prétends seulement, que si l'Espagne voulait se gouverner à l'espagnole, au lieu d'emprunter sa politique à la France et à l'Angleterre, elle pourrait obtenir les amendements souhaités, sans bouleverser la société ; mais l'exaspération des partis rendra le bouleversement inévitable, et le peuple souffrira moralement de cette manière de l'émanciper, plus qu'il n'en profitera matériellement.

Si quelque voyageur de bonne foi revient dans les provinces du midi de l'Espagne, plusieurs années après la révolution qui menace d'éclater en ce pays, je ne manquerai pas de lui demander s'il aura trouvé les Andaloux aussi gais, aussi paisibles, d'aussi bonne humeur, aussi fiers du luxe et de l'éclat de leurs habits, de la beauté de leurs coursiers, de l'élégance de leurs divertissements, aussi disposés à jouir des longs loisirs nécessaires aux habitants des climats brûlants, que l'est actuellement le peuple de ce pays. Aujourd'hui je vous ai parlé des inconvénients de l'état présent des choses, mais par combien d'avantages ne sont-ils pas compensés? Ce peuple est mal gouverné, je dis cela comme tout le monde, mais de fait, il est très-indépendant; ses préjugés même sont pour lui des sources de jouissances difficiles à remplacer. Aussi prierai-je le même voyageur de me dire s'il a trouvé les Andaloux réformés, plus unis, plus d'accord entre eux, qu'ils ne l'étaient de mon temps; enfin, si de loin en loin il a rencontré chez eux des magistrats d'un caractère aussi fort, aussi sublime que celui du gouverneur de Cadix, qui vient de se laisser assassiner pour persister dans son devoir; et qui prévoyait le sort que lui réservaient les novateurs. Vous allez m'objecter les supplices et les actes arbitraires de ce gouvernement, que je voudrais soutenir tout en le réformant. J'en appelle à ce que nous racontera, du règne des révolutionnaires, le voyageur futur dont je viens d'invoquer la bonne foi. Qui ne sait que dans un pays comme celui-ci, tout ce qui veut défendre ou étendre son autorité devient cruel? Pour en finir avec la politique moderne, je dirai que je la compare à une boîte superbement ornée en dehors, bien peinte, bien brillante, mais qui pour conserver ce qu'elle contient, ne vaut pas le vieux coffre qu elle remplace.

Le mal que je vous ai dit du caractère espagnol ne s'applique qu'aux populations de l'Andalousie. Le centre et le nord du royaume sont encore habités par des peuples, dont les mœurs et la conduite justifient l'opinion qu nous nous faisons généralement de la noblesse d'âm les Espagnols.

Le peuple de ces p vinces a conservé des vertus inconnues aux nations modernes, entre autres le mépris de l'argent. On obtient du dernier paysan castillan une foule de servic désintéressés, et que partout ailleurs il faut payer vec de l'argent. L'Espagnol se contente d'un mot b enveillant, d'un bon procédé; l'avidité naturelle aux hommes qui vivent d'industrie n'a pas remplacé les qualités primitives chez ces vieux chevaliers. Ici le peuple est aussi fier dans les relations particulières de la vie qu'il est soumis et patient dans ses rapports avec son gouvernement. En fait d'orgueil, j'aime mieux celui du Castillan; humble devant son roi et les représentants de son roi, fier avec ses pareils, que celui de l'Américain ou du marchand de Londres, orgueilleux de ses droits politiques, mais bas, perfide, avare dans ses transactions individuelles. Un homme de quelque pays qu'il soit a plus souvent l'occasion d'être délicat envers son prochain que hautain devant ses magistrats.

Quant à moi, vous le savez, j'ai toujours eu plus d'attrait pour le caractère des hommes qui vivent dans les monarchies que pour les sujets des états républicains. Ceux-ci sont tous de petits souverains; j'en aime mieux un grand qu'on ne voit jamais, que des millions qu'on rencontre à chaque pas, et dont l'esprit ombrageux rend toutes les transactions de la vie désagréables et difficiles.

Une autre vertu des Espagnols, c'est leur fidélité à leur parole..... C'est singulier à dire, ce peuple est très-fanfaron et pourtant très-sincère : ses rodomontades portent sur des faits; il amplifie les actions, jamais il ne ment dans les affections; il grossit les événements; son imagination le porte à faire une histoire grave d'un accident insignifiant; mais il ne vous trompe pas sur ses sentiments; vous pourrez toujours croire à l'amitié qu'un Castillan vous montre.

Les habitants de l'Andalousie ont plusieurs des vertus espagnoles; mais ils ont des vices que n'ont pas les habitants des autres provinces : le gouvernement est plus défectueux ici qu'ailleurs. On ne doit jamais oublier que l'Andalousie vit sous le régime de la conquête depuis Ferdinand le Catholique.

Le sang castillan est plus mêlé d'arabe dans le midi de l'Espagne que dans aucune autre contrée; et le vol et le brigandage sont inhérents au génie des Maures.

J'avais le projet d'acheter ici deux chevaux andaloux pour les faire conduire en France. Voici ce qui m'arrête : des gens raisonnables, et qui connaissent bien le pays, m'ont dit : Vos chevaux n'arriveront pas à Madrid ; d'abord il est douteux que nous puissions vous trouver un homme assez probe pour qu'il vous les amène jusque-là ; supposons, cependant, que cette merveille de fidélité puisse se rencontrer à Grenade, voici ce qui lui arrivera infailliblement : cet homme unique sera dévalisé, et vos chevaux lui seront enlevés avant qu'ils aient fait trente lieues. Mais la conjecture la plus vraisemblable, c'est que le conducteur avertira lui-même les brigands, se fera voler par eux, et partagera le butin.

Voilà où en est l'Andalousie en fait de civilisation matérielle ! Ajoutez, pour servir de pendant à ce trait, que la police exige de tout voyageur qu'il fasse viser chaque soir son passe-port, afin qu'on puisse savoir jour par jour où couche l'étranger. Minutie et négligence, voilà donc tout le gouvernement de l'Andalousie !

Une anecdote d'un genre particulier finira cette longue lettre.

Le 7 et le 13 juillet sont des jours funestes pour

moi; depuis cinq années je ne passe jamais un de ces jours sans faire dire une messe de *Requiem*.

Le 7 et le 13 dernier j'étais mourant, surtout le 13; je fis prier le curé de la paroisse où mon auberge est située de dire ces deux messes, et je lui envoyai une somme égale à quatre fois le prix que je lui devais.

Le lendemain il ne fut bruit dans Grenade que de la sainteté du voyageur français. J'étais un peu mieux; une personne de la ville vint me voir, et me félicita de mes bons sentiments. Surpris, je demande quelques éclaircissements.

On me répond : — Pourquoi voulez-vous cacher votre libéralité? le curé de San *** a dit à tout Grenade que vous aviez envoyé *deux mille livres* à son église.

J'ai demandé deux messes au curé de San ***, répondis-je, et je les ai payées quatre fois leur valeur. Voilà toute ma libéralité.....

A cette réponse l'Espagnol part d'un éclat de rire inextinguible; enfin, quand les premières convulsions sont apaisées, il s'écrie : Oh! la bonne ruse de curé!!!... Je la crois nouvelle!.... Il nous vante la générosité d'un étranger pour nous piquer d'honnet », nous autres habitants du pays très-catholique. Je reconnais bien là l'esprit de notre clergé!....

Le lendemain le curé fut bafoué par toute la ville, et je ne pense pas que ma générosité fasse le sujet de son prochain sermon.

LETTRE LVII.

SOMMAIRE.

Combat de taureau. — Le voyageur se rend à l'amphithéâtre dans un carrosse à la Maintenon. — Ce qu'il savait de la littérature espagnole avant de venir en Espagne. — Poésie lyrique. — Garcilaso. — Ce qui constitue la poésie. — Fray Luis de Léon. — Caractère de sa poésie. — Horace chrétien. — Original, malgré sa vénération pour l'antique. — Sous ce rapport il ressemble au Dante. — L'originalité poétique tient à la justesse des perceptions du poëte. — Fray Luis est égal à David pour le coloris, et supérieur pour les sentiments. — Il est retenu pendant plusieurs années dans les prisons de l'inquisition pour avoir traduit en espagnol le cantique des Cantiques. — Genre de mérite de Garcilaso. — Sa mort et sa vie également chevaleresques. — Littérature moderne décolorée. — Les poëtes comiques ont seuls conservé quelque originalité.

A MISS BOWLES.

Grenade, ce 28 juillet 1831.

Il n'y a que quelques jours que je suis sorti de ma chambre, et, dès le lendemain de cet effort, je suis monté dans un carrosse à la Maintenon, attelé de six mules; je me suis fait conduire, par une chaleur de trente degrés..... devinez où?..... à l'église?.... Oui, d'abord; nous avons passé par la cathédrale pour aller à l'amphithéâtre, où se donnait un combat de taureaux..... Je n'ai pu arriver jusqu'à ma loge qu'à force de sels et de vinaigre. Mais enfin j'ai vu la dernière *corrida* à laquelle j'assisterai probablement de ma vie. Cette terrible fête était moins belle que celles de Séville; n'en déplaise au *roman-*

cero de romances Moriscos, les taureaux de Grenade ne valent pas ceux d'Utrera.

A propos de romancero, je devrais vous parler en détail de la littérature espagnole; ce serait le sujet d'un livre bien curieux, car elle est peu connue en France. Mais ce seul mot de livre m'épouvante, même pour lire; à plus forte raison pour écrire!

Le roman qui a servi à Le Sage pour son Gil Blas, celui d'où il a pris le Diable boiteux, don Quixotte, trois ou quatre pièces de Calderon et de Lope de Vega, dont les noms me paraissent illustrés par les imitations de Corneille et de Molière, ainsi que par les analyses un peu partiales de M. Schlegel et de quelques autres critiques allemands; enfin l'ouvrage de M. Sismondi, sur les littératures du Midi: voilà tout ce que je connaissais de cette mine à exploiter quand je suis venu en Espagne.

Depuis mon séjour à Grenade j'ai étudié quelques poëtes lyriques, dont je savais à peine le nom; et leurs ouvrages sont ce qui me frappe le plus dans cette littérature nouvelle pour moi.

J'ai appris par cœur quelques pastorales de Garcilaso, chefs-d'œuvre d'harmonie et de douceur, qu'on lit et qu'on relit sans cesse avec un charme incompréhensible, pour les esprits qui ne veulent pas convenir que la poésie se passe d'idées mieux que la prose, parce que c'est le rapport immédiat de l'expression avec la pensée, et que ce n'est pas la pensée seule qui fait le poëte. La poésie est un art complexe : musique et religion, voilà ses éléments. Par religion, j'entends toutes les formes de la foi ; la conviction est la première de toutes les puissances de l'âme ; et il y en a toujours dans la passion.

Des anciens auteurs je n'ai lu qu'une partie des œuvres d'Herrera et de quelques autres moins connus chez nous, parmi lesquels j'ai distingué Juan Dunena. Mais ce qui m'a plus intéressé que tout le reste, ce sont les odes de Fray Luis de Léon (le frère Louis de Léon).

Ce poëte était moine ; il avait la pureté, l'éclat, le goût, la force d'Horace : et ces qualités classiques, servant à exprimer les sentiments sublimes d'un homme qui habite aux portes du ciel, produisent des effets aussi neufs qu'admirables. L'épicurien changé en un héros chrétien, quelle métamorphose ! Figurez-vous un sage de l'antiquité, qui n'est plus païen, et qui chante dans un monastère ses espérances célestes : tel est ce poëte, c'est toujours le même style, seulement la source de l'inspiration est différente. Son talent est sain comme celui des poëtes de la noble antiquité, et ne dénote aucune des maladies de cerveau de la plupart des auteurs modernes.

Aussi ces poésies ne diffèrent-elles des chefs-d'œuvre de la Grèce et de Rome que par le fond : le sentiment du beau, dans les formes, est le même que celui des Grecs. A chaque strophe que je lis, je m'écrie : Comme c'est original!!! pourtant il imite continuellement ou Théocrite, ou les Latins. C'était aussi l'étude constante de Garcilaso. Le Dante lui-même, en bâtissant sa cathédrale poétique, croyait copier Virgile. Il faut avouer que cette modestie a bien servi les esprits créateurs au moyen âge..... Pas un d'entre eux ne s'est fait proclamer indépendant de leurs devanciers, ce qui ne les a pas empêchés de faire révolution. La passion des découvertes peut être une vertu pour le voyageur, elle n'est qu'une prétention presque toujours malheureuse pour le poëte.

Le poëte est une voix, un écho placé par Dieu sur le chemin des anges; il est suspendu là pour nous dire ce qui se passe entre le ciel et la terre. S'il écoute bien et répète juste, il invente assez.....

J'ai essayé de vous traduire une ode de Fray Luis de Léon; je l'ai choisie entre les autres, parce que le petit nombre de strophes descriptives qu'elle contient peint un pays absolument pareil à la campagne des environs de Grenade. On conçoit comment cette terre a pu inspirer la poésie calme et divine de ce grand philosophe chrétien : des montagnes brûlantes, quoique arrosées d'une eau de neige qui perd sa vertu contre le marbre nu ; des vallons riants, frais, productifs, creusés dans des rochers qui réfléchissent : toutes ces merveilles de la nature s'accordent avec l'admiration et l'amour du poëte lyrique pour le dieu dont il est possédé.

Ange aux ailes de feu, et qui ne considère ce monde que comme un point de repos où l'âme reprend haleine pendant le voyage de l'éternité, chantre sublime par les pensées qu'il inspire plus encore que par celles qu'il exprime, Fray Luis nous fait connaître la vraie destination de l'homme, sans discussion, et par la seule hauteur de la parole chrétienne ; je le trouve aussi admirable que l'auteur des Psaumes, et plus calme : il est où David voulait arriver, il a ce que cherchait le roi prophète..... En un mot, il est sublime sans effort, comme la paix d'une belle âme, comme la lumière d'un grand esprit, comme la foi d'un saint.

Cette grandeur n'a pu désarmer les rigueurs de l'inquisition : Fray Luis a passé plusieurs années de sa vie dans les prisons du saint-office pour avoir traduit en langue vulgaire le Cantique des cantiques.

N'oubliez pas, si vous voulez lui rendre justice, malgré ma traduction, que je n'ai pu vaincre la roideur qui s'atache à toute version qu'on veut faire exacte, et dans un nombre de vers égal à celui de l'original.

ODE TRADUITE D'APRÈS FRAY LUIS DE LEON.

1.

Qu'elle paraît tranquille et pure
La vie, à qui sait fuir et le monde et le bruit
Pour choisir une route obscure,
Qui vers un but caché conduit
Le peuple peu nombreux des sages qui la suit !

2.

L'orgueil des grands et leur richesse,
Et leurs murs, où la main du Maure ingénieux
Broda la pierre avec adresse
Et dora le bois précieux,
Ne troublent pas son cœur, n'offusquent pas ses yeux.

3.

Par la flatteuse renommée
Il ne demande pas si son nom est chanté,
Jamais la trompeuse fumée,
Dont s'enivre la vanité,
Ne voile en ses discours la sainte vérité !....

4.

Est-ce un triomphe, une victoire,
D'être suivi de loin par le doigt des passants?
J'irais, à ce jeu de la gloire,
Courant après un fol encens,
Incertain, me troubler et le cœur et les sens?

5.

O monts, ô vallons, ô fontaine,
D'où coulent dans les bois d'harmonieux ruisseaux :
Quand ma barque luttait à peine
Sous les coups redoublés des flots,
Dans ce port ignoré m'attendait le repos.

6

Un sommeil que rien n'interrompe,
Un jour gai, libre, pur : c'est le vœu de mon cœur.
Du riche méprisant la pompe,
J'échappe au noble protecteur,
Dont le front soucieux atteste la grandeur.

7

Les oiseaux me charment l'oreille
Par leurs chants amoureux, qui ne sont point appris,
Et dont l'éclat touchant m'éveille,

Au lieu des chagrins, des mépris,
Dont les grands d'ici-bas chargent leurs favoris.

8.

Heureux du seul bonheur de vivre,
Content des dons du ciel, sans soupçon, sans désir,
N'espérant rien, je me délivre,
Et de la peine de choisir,
De l'amour, de la haine, et du joug du plaisir.

9.

Au pied de nos sombres montagnes
Je possède un jardin par mes soins décoré :
Quand le printemps, dans nos campagnes,
Revient, de verdure paré,
J'y vois l'espoir du fruit dans la fleur assuré.....

10.

Je vois la fontaine bruyante
Sur les coteaux brûlés tomber du haut des monts,
Et dans sa course impatiente,
Trouvant tous les chemins trop longs,
Bondir pour arriver plus vite à nos vallons.

11.

Mais apaisée alors, timide,
Enlaçant les bosquets dans ses détours trompeurs,

Et retardant son cours limpide
Pour rendre aux plantes leurs couleurs :
Sur la rive, en passant, elle jette des fleurs.

12.

Le vent sous les arbres soupire,
Les parfums du jardin s'élèvent dans les airs,
Tout rit, tout se meut, tout respire;
J'entends d'ineffables concerts,
Qui font oublier l'or, ce roi de l'univers.

13.

A l'homme avare et téméraire,
Qui se confie aux flots, je laisse un fol espoir,
Et quand les vents se font la guerre,
Je m'applaudis de ne pas voir
Les pleurs de l'insensé, ni son vil désespoir.

14.

Le mât prêt à se rompre, crie,
Des voix montent au ciel, le jour se change en nuit;
Dieu marche, il tonne... l'homme prie,
De ses travaux perdant le fruit,
Il jette ses trésors au flot qui le poursuit.

15.

Moi, sans combats, sans vaine attente,
D'une table modeste et d'un repas frugal,

Mais assuré, je me contente,
Et laisse l'or ou le cristal
A qui tente le sort sur l'élément fatal.

16.

Lorsque la soif insatiable
Des biens et des grandeurs dévore les humains,
Plaignant leur destin misérable,
Je m'assieds à l'ombre des pins
Pour chanter le repos et l'oubli des chagrins.

17.

Couronné dans la solitude,
Roi libre, je m'assieds sous mon dais d'arbres verts
Pour écouter le saint prélude
Et les accords toujours divers
De la lyre céleste et qui dicte les vers.

1.

Que descansada vida
La del que huye el mundanal ruido,
Y sigue la escondida
Senda, por donde han ido
Los pocos sabios que en el mundo han sido.

2.

Que no le enturbia el pecho
De los sobervios grandes el estabo,
Ni del dorado techo
Se admira fabricado
Del sabio Moro, en jaspes sustentado.

3.

No cura si la fama
Canta con voz su nombre pregonera,
Ni cura si encarama
Le lengua lisonjera
Lo que condena la verdad sincera.

4.

Que presta à mi contento
Si soy del vano dedo señalado?
Si en busca deste viento
Ando desalentado
Con ansias vivas, con mortal cuidado?

5.

O monte, ô fuente, ô rio,
O secreto seguro deleytoso,
Roto casi el navio,

A vuestro almo reposo
Huyo de aqueste mar tempestuoso.

6.

Un no rompido sueño,
Un dia puro, alegre, libre quiero :
No quiero ver el ceño
Vanamento severo
De à quien la sangre enselça, o el dinero.

7.

Despiertenme las aves
Con su cantar sabroso no aprendido,
No los cuidados graves,
De que es siempre seguido
El que al ageno arbitrio esta atenido.

8.

Vivir quiero conmigo,
Gozar quiero, del bien que devo al cielo
A solas sin testigo,
Libre de amor, de zelo,
De odio, de esperanças, de rezelo.

9.

Del monte en la ladera,
Por mi mano plantado tengo un huerto,

Que con la primavera
De bella flor cubierto
Ya muestra en esperança el fruto cierto.

10.

Y como codiciosa,
Por ver y acrecentar su hermosura,
Desde la cumbre ayrosa
Una fontana pura
Hasta llegar corriendo se apresura.

11.

Y luego sossegada
El passo entre los arboles torciendo,
El suelo de passada
De verdura vistiendo,
Y con diversas flores va esparciendo.

12.

El ayre el huerto orea,
Y ofrece mil olores al sentido,
Los arboles menea
Con un manso ruido,
Que del oro y del cetro pone olvido.

13.

Tenganse su tesoro
Los que de un falso leño se confian:

No és mio ver el lloro
De los que desconfian
Quando el cierço y el abrego porfian.

14.

La combatida antena
Cruxe, y en ciega noche el claro dia
Se torna, al cielo suena
Confusa voceria,
Y la mar enriquecen a porfia.

15.

A mi una pobrecilla
Mesa, de amable paz bien abastada
Me basta, y la baxilla
De fino oro labrada
Sea de quien la mar no teme ayrada.

16.

Y mientras miserable
Mente se estan los otros abrasando
Con sed insaciable
Del peligroso mando,
Tendido yo a la sombra este cantando.

17.

A la sombra tendido
De yedra y lauro eterno coronado,

Puesto el atento oido
Al son dulce acordado
Del plectro sabiamente meneado.

Une analyse des principaux ouvrages des poëtes espagnols serait incomplète sans la biographie de chaque auteur. Ces vies, presque toutes héroïques par les actes ou par les sentiments, donneraient à elles seules l'idée du singulier monde d'où sortit la littérature espagnole, la plus noble, la plus romanesque de toutes. La singularité des œuvres s'expliquerait par la vie de chaque poëte. Voici, en quelques lignes, l'abrégé de celle de Garcilaso.

Né à Tolède en 1503, d'un père distingué parmi les gentilhommes castillans, et d'une mère aussi noble que son père, Garcilaso de la Vega mourut en Italie, à trente-trois ans, d'un coup d'arquebuse qu'il reçut à l'assaut d'une redoute pour exécuter l'ordre de l'Empereur. Sa courte vie ne fut marquée que par des actes d'un dévouement chevaleresque : il se trouva aux principales batailles de son temps, et suivit Charles-Quint avec enthousiasme dans les guerres d'Italie. La poésie ne fut pour lui qu'un délassement; mais, tout en faisant des pastorales pour se reposer, il a doté son pays d'une langue poétique.

Le vieil idiôme espagnol lui doit sa douceur et son harmonie modernes. Les œuvres de Garcilaso sont l'objet d'études constantes pour les poëtes et les écrivains de son pays ; tant de charme, tant de délicatesse n'ont jamais été surpassés.

La littérature castillane a bien dégénéré depuis le règne des princes de Bourbon. Les écrivains modernes, en Espagne, ne sont que des limeurs de phrases ; la vie manque à leurs œuvres alignées, à leurs périodes symétriques. Ils dessinent correctement, mais leurs traits sont maigres, leurs couleurs pâles, leurs plans mesquins ; ce sont des ombres, des squelettes. Une troupe de pédants, qui ne font rien d'après eux et ne travaillent qu'à propos des productions des autres, a formé cette littérature soi-disant classique, et qui n'a pas plus de rapport avec la littérature vraiment espagnole qu'avec les éternels chefs-d'œuvre de l'antiquité. Ce sont des jardins disposés à la manière de Le Nôtre, mais plantés en brins de buis desséchés.

Il faut excepter les poëtes comiques, les deux Moralès à leur tête : ceux-ci ont conservé quelques traces de l'originalité nationale. Il y a de la vérité, de la finesse d'observation, du naturel dans leurs drames. La peinture des caractères est plus exacte que comique ; mais l'intrigue de la pièce, toujours très-compliquée, est amusante et tient le spectateur en suspens. Voilà tout ce que je sais sur un sujet trop riche pour un ignorant tel que moi. J'ai appris tout juste assez d'espagnol pour pleurer à Garcilaso, rire et pleurer à Don Quixotte, admirer à Fray Luis de Léon, et bâiller à la prose et aux vers de Quintana.

LETTRE LVIII.

SOMMAIRE.

Retour en France par Madrid. — Etat de souffrance du voyageur. — Départ de Grenade par la route d'Andujar. — Encore des brigands. — Nouveau trait d'audace. — José Maria revendique le monopole du vol.—Récit d'un curé. — Robert Macaire espagnol.—Nous voyageons au pas.—Place du Triomphe, ainsi nommée par les Français. — La foi prouve la puissance de l'âme, comme le doute dénote l'activité de l'esprit.—Adieux à Grenade. — Affaiblissement du voyageur ; il est près de s'évanouir. — Poëtes nés pour l'obscurité. — Dieu est leur seul juge. — Sottise des hommes qui ne font rien. — Leurs illusions sur eux-mêmes. — La route neuve. — Promesses de l'industrie.— Elles sont menteuses.—Aspect de la Vega le soir. — Souvenirs historiques. — Mot de la mère de Boabdil. — Description du crépuscule du soir. — Accidents de nuages. — Poussière dorée. — Féerie, mythologie. — Différence des impressions de la nature dans le Nord et dans le Midi. — Double chaîne de montagnes des deux côtés de la Vega. — Silence des campagnes.—La nuit la Vega ressemble à un lac. —Souvenirs de l'Italie. —Végétation de la Vega. — Ses parfums, uniques dans le monde. — Chèvres andalouses. — Elles sont d'une race particulière. — Leur aspect singulier. — Difficulté de définir le caractère espagnol. — Il est contraire au gouvernement représentatif. — Les Espagnols sont les meilleurs piétons de l'Europe. — Nos quatre hommes d'escorte nous accompagnent à pied toute la nuit.—El Campillo : village dans la montagne.— Le propriétaire campagnard. — La réception qu'il nous fait.— Le repos impossible dans ce gîte. —

Saleté des chambres. —Conversation avec le maître de la maison. — Education élémentaire en Espagne. — Rechute du brigand converti Apollinario. — Convoi de brigands transférés à Grenade. — Pronostic de notre hôte. — Nous partons le soir pour Jaën. — Description de la route. —Éclat du clair de lune. —A une lieue et demie de Jaën la route neuve finit. —Difficulté du chemin. — La porte de la ville fermée. — Danger des rencontres de brigands sous les murs. — On nous ouvre la porte à deux heures du matin. — La posada de Jaën. —Chaleur étouffante. —Le voyageur craint une rechute de son mal. —Caractère des sites. — L'été dévaste le pays. —Désert de cendre. —Description de la ville de Jaën. — La cathédrale n'a rien de remarquable. — Le gouverneur militaire. — Impossibilité d'obtenir une escorte de troupes régulières. — Il m'adresse au commandant de la milice. — On m'accorde une escorte de douze miliciens. — Histoires sinistres qu'on nous raconte. — Les frères Bottijos viennent tous les jours dans Jaën s'informer de la marche des voyageurs. — Peur de notre majoral. — Insupportable chaleur. — Tristesse du paysage. — Coucher du soleil. — Épaisseur des ténèbres. — Les chiens de berger. — Arrivée à Andujar. — Départ pour Madrid. — Fraîcheur et civilisation matérielle de Madrid par comparaison. — Chaleur de Val de Peñas. — Point d'eau à boire.

A MISS BOWLES.

Madrid, ce 4 août 1831.

Il m'a fallu renoncer à retourner en France par le chemin que je voulais prendre; je ne verrai donc ni Murcie, ni Valence, ni Barcelonne, parce que je n'en puis plus, et que cette convalescence ressemble à une maladie mortelle. La chaleur me tue!... L'air des Pyrénées peut seul me rendre la vie. Voilà, du moins, ce que répètent les médecins. Je les crois, et je me soumets. Si j'étais sûr qu'on voyageât à volonté après la mort, je ne serais pas si docile; mais mourir pour ne plus voyager, c'est mourir deux fois. Mon enfer, à moi, serait une combinaison d'immobilité et de curiosité. Si j'avais l'idée qu'on ne pût rien apprendre de la mort, je me cramponnerais à la vie avec la fureur des lâches.

Le 28 juillet, à six heures du soir, je suis parti de Grenade dans un carrosse doré, qui n'eût point déparé le cortége de Louis XIV aux fêtes de Versailles. On avait attelé sept mules à cette maison roulante; le tout était conduit par un cocher, un postillon, et accompagné de quatre soldats d'infanterie qui devaient me servir d'escorte jusqu'à Jaën. Il ne vient pas de diligences à Grenade, et l'on ne saurait s'y procurer un équipage moins pesant ni moins coûteux.

Il nous fallait prendre le chemin d'Andujar, l'un des moins sûrs de l'Espagne. Andujar était le point de la grande route de Madrid le plus facile à atteindre : et, dans l'état où je suis, tout ce qui prolonge la fatigue du voyage est mortel. Une fois à Andujar, nous étions dans la ligne des diligences, et deux jours d'efforts nous ramenaient à Madrid.

Je vais encore vous parler de brigands : passez-moi ces répétitions. Reprocher les bandits aux voyageurs en Espagne, c'est comme si l'on trouvait qu'il y a trop de sable et de déserts dans la Description de la course à Timbouctou par M. Caillé.

J'espérais, comme vous, pouvoir oublier jusqu'au nom de José Maria; mais je raconte, je ne compose pas. Ceci vous paraît amener le récit d'une rencontre, d'une attaque sérieuse ? Ce n'est pas même cela : mais je vous raconte, non-seulement ce qui m'arrive, mais ce qu'on me dit, et j'ai tant entendu parler de cet homme, qui est le souverain de fait de l'Andalousie, que je suis forcé de vous occuper de lui, si je veux vous faire la relation exacte de ma dernière course à travers les singulières campagnes de cette province.

L'histoire que je vais vous raconter a contribué à me faire supporter l'ennui et les fatigues de ce voyage, tant elle m'a paru originale. Nous avons pris à Andujar la diligence de Séville pour Madrid, qui, par parenthèse, venait d'être volée deux fois de suite en huit jours, près de Cordoue. Un curé se trouvait avec nous dans cette voiture ; c'est lui-même qui nous a conté le trait suivant :

« Il y a quelques jours, disait-il, que je me rendais de Séville à Cordoue, et chemin faisant je ne pouvais me distraire du danger que nous courions. On ne parlait dans le pays que des ruses et des cruautés de José Maria. La conversation des voyageurs entretenait mes terreurs ; la voiture était pleine ; nous étions tous bien armés, nous avions l'escorte ordinaire, mais tous s'accordaient à reconnaître l'insuffisance de ces précautions contre la troupe de José

Maria. Le discours roulait sur les moyens que chacun de nous comptait employer pour désarmer la colère et satisfaire l'avidité des brigands ; malgré la gravité de la circonstance, nous ne pouvions pas toujours nous empêcher de rire des saillies de quelques-uns de nos compagnons de voyage. Arrivés à un village voisin de Cordoue, nous vîmes cinq des voyageurs les plus gais descendre de la voiture, payer le conducteur et s'apprêter à prendre congé de nous.

» Je les regardais avec envie, et je pensais que je voudrais bien toucher comme eux au terme de ma course. Vous n'avez plus peur de José Maria ? dis-je avec un signe d'adieu à l'un de ces messieurs.—Non, me répond celui-ci ; à vous dire vrai, je n'ai jamais craint de rencontrer ce mauvais sujet. A ces mots il s'approche en riant de la portière par laquelle j'avais passé la tête, ouvre son habit, me montre une ceinture de pistolets et dit :

— « Monsieur le curé, vous pouvez vous vanter » d'être brave, car vous venez de voyager bien gaiement en compagnie de José Maria lui-même et de » quatre de ses meilleurs amis. Nous avons appris, » continua-t-il avec un sang-froid qui me consternait, que dans l'église d'un village voisin on vient » de voler des vases sacrés pour une valeur de dix » mille réaux, et je cours à la poursuite des malfai-

» teurs, afin de *me faire rendre* ces objets, ou du » moins leur valeur... »

» Le brigand disparut pour aller exercer ce droit si audacieusement proclamé à la face d'une diligence toute pleine de voyageurs, et inutilement escortée du nombre de gardes accordé par le gouvernement *pour la sûreté des messageries royales.* »

Le bon curé tremblait et pâlissait encore pendant qu'il nous racontait ce fait, et nous demeurâmes interdits en apprenant que dans une société policée il peut s'élever des hommes qui croient en conscience avoir le monopole du pillage.

Cet article du code des voleurs de grand chemin a été pour moi une découverte. Jamais je n'ai rien lu d'aussi singulier dans l'histoire du brigandage. La fiscalité invoquée au profit d'un chef de voleurs : voilà ce qui ne me serait point venu à l'esprit sans l'exemple que je vous cite. Bientôt l'Espagne payera l'impôt à deux souverains *.

Mais revenons à Grenade, car je veux vous faire en détail le récit de mon dernier voyage à travers les campagnes poudreuses de l'Andalousie. La saison ne me permet plus de voyager que la nuit. Depuis

* Cette histoire vaut même mieux que le mot de Robert Macaire quand il ne trouve que des guenilles dans la valise de l'homme qu'il vient de dépouiller, et qu'il s'écrie avec dépit : Je suis volé !

que je suis hors de danger, dix fois par jour je crois que je vais mourir. La chaleur me dévore.

Je vous ai dit qu'à six heures du soir, le 28 juillet, après une journée où le thermomètre avait marqué trente-deux degrés pendant quatre heures de suite, je montai en voiture anéanti... et bien persuadé que ce carrosse de parade allait me mener à mon tombeau. Malade d'esprit autant que de corps, je croyais, comme Charles-Quint, assister à mon enterrement. Mourant loin de mon pays, je m'apitoyais sur moi-même, comme on pleure sur le sort d'un autre. Seul j'eusse été perdu. Mais la volonté de mon compagnon de voyage me tenait lieu d'énergie.

Nous traversâmes au pas de nos mules la place du Triomphe, terrain vague, espèce de champ de Mars arabe qui s'étend entre l'amphithéâtre où se livrent encore les combats de taureaux et le monument mauresque, appelé la porte d'Elvire, dont le nom fameux se retrouve à chaque page de la brillante histoire de Grenade; de Grenade la belle, la fabuleuse, la romantique; de Grenade l'infidèle! infidèle et pourtant admirée même des vieux chrétiens, ennemis nés des Musulmans, tant les souvenirs chevaleresques, perpétués par les monuments du génie arabe, avaient de séduction pour ces courages de fer, pour ces hommes au cœur sincère, à l'imagination romanesque, mobile, naïve, à l'âme religieuse et croyante, parce qu'elle était forte! Cette puissance de foi, qui prouve l'énergie de l'âme, comme le doute philosophique dénote l'activité de l'esprit, était la vertu dominante du peuple espagnol : elle s'étendait chez lui jusqu'à l'amour terrestre; car le cœur, dans la plénitude de la jeunesse, prête aux passagères amitiés de la vie quelque chose de la durée des sentiments surnaturels,......La passion dans l'innocence fait ressembler le temps à l'éternité; l'éternité, ce n'est pas une suite d'heures, c'est une affection, mais si intense, qu'elle dépasse la mesure du temps......

Cette place du Triomphe a reçu des Français, m'a-t-on dit, le nom qu'elle porte aujourd'hui; nos troupes y remportèrent une victoire avant d'entrer à Grenade. C'est de là que je jetai un triste et dernier regard vers la colline de l'Alhambra : ce soleil, qui se couchait dans des vapeurs enflammées, semblait lui dire adieu pour moi. Moi, dans l'état d'abattement où j'étais je ne pouvais qu'assister à mon départ. Le soir qui s'approchait ne nous apportait pas une haleine d'air : la tristesse de l'heure, celle du lieu, celle des adieux: tout augmentait ma souffrance : je crus que je ne sortirais plus de Grenade.

Ce moment a été l'un des plus solennels de ma vie. Pourquoi? rien ne s'explique, et nos émotions moins que tout le reste. Je ne quittais personne, même je m'étais déplu dans cette ville où j'avais tant souffert; je retournais vers mon pays : j'avais le mal du pays, et pourtant ce moment du départ, qui aurait dû me causer de la joie, m'a laissé une impression de désespoir qui sera peut-être plus ineffaçable que celle des douleurs les plus amères et les mieux motivées de ma vie. Ce qu'on souffre n'est jamais en proportion de ce qu'on doit souffrir. Il est des hommes qui sentent plus vivement par l'imagination que par les autres facultés de leur être ; l'imagination seraitelle, pour quelques-uns, la porte par laquelle Dieu passe quand il veut arriver à l'âme? Serais-je un de ces hommes d'imagination? L'imagination tient-elle la clef de mon cœur? S'il en est ainsi, j'aurais dû profiter de cette faculté dominante, c'est-à-dire unique, pour produire mieux et davantage....... Cette réflexion mène aux remords; pourtant je me rassure par la conviction que tout esprit produit à peu près ce qu'il peut. Qui sait si la vanité du succès n'est pas plus nuisible au sort d'une âme rêveuse que la mélancolie de la paresse!

Il y a des poëtes d'une organisation si délicate, que leur talent n'arrive pas jusqu'à leurs rimes, il s'arrête à leurs songes. Ceux-là ne sont pas les chantres du monde, ce sont les poëtes de Dieu. Fleurs ignorées qui parfument le désert et ne sont vues que du soleil qui les colore : trop faibles pour la rude tâche que leur imposaient la nature et la société, ces âmes n'ont de refuge qu'aux pieds du souverain maître de leur destinée : le Créateur seul peut être pour elles un juge équitable.

Néanmoins, quelqu'imparfait que soit ce qu'on produit, on se doit à soi-même de publier ses essais. Cette épreuve est salutaire. Tant qu'on n'a pas essayé ses forces contre l'indifférence du public, on se croit un géant : mais un homme de bonne foi ne se trompe pas sur lui-même après la publication de ses livres, pas plus qu'un ambitieux quand il est devenu ministre. La vanité de l'esprit est un genre de sottise que je ne pardonne qu'aux gens qui n'ont jamais voulu rien faire ni rien imprimer.

En quittant si tristement la place du Triomphe, nous entrâmes dans la magnifique route neuve. Elle commence à la porte de Grenade et ne finit qu'à une demi-lieue de Jaën. On la poussera, dit-on, jusqu'à la grande route de Madrid. Moyennant ces travaux, Grenade espère avoir bientôt une diligence.

Cette menace de progrès me console de m'éloigner. Je n'aime pas à rester le témoin des conquêtes de l'industrie moderne. Je trouve cette puissance menteuse : elle s'avance au milieu des hommes au nom de l'égalité, elle vient avec la mission de rendre tout semblable, ce qui pour moi veut dire de tout tuer; car je ne suis frappé que de la différence qu'il y a entre les individus humains comme entre les autres productions de la nature. Je ne crois donc pas à l'industrie comme moyen de prospérité durable; et l'usage d'une force à laquelle je ne reconnais point l'efficacité qu'on lui attribue m'ennuie; comme tout ce qui est faux, comme le mensonge en action. La vérité seule préserve l'âme de l'ennui qui ronge les enfants de l'erreur. Voilà pourquoi il y a si peu d'âmes qui ne s'ennuient pas.

Nous avons donc pris la route neuve de Grenade; nos mules haletantes peinaient à nous traîner dans ce chemin, qui ressemblait à un fleuve de poussière: les longs jours sont courts sous cette latitude, la nuit avançait plus vite que nous. Des nuages de cendre nous déguisaient le paysage. Ils ne m'empêchèrent pourtant pas de jeter un dernier regard sur la Vega, sur ce théâtre de tous les drames romantiques dont mon imagination s'était nourrie avant et depuis mon voyage. Les beautés de cette contrée sont grandes, pourtant elles sont loin d'égaler le charme que prêtent à Grenade les historiens et les poëtes, noms presque synonymes quand on parle de ce pays des romans et des fables. A quelque distance de la ville, la nouvelle route, taillée à mi-côte, forme une espèce de terrasse au-dessus de la plaine. De là j'eus le loisir d'admirer un paysage grand et poétique; les noms se pressaient sur mes lèvres comme des fantômes qu'une imagination frappée voit se lever la nuit près des tombeaux. Ponce de Léon, Gonzalve de Cordoue, le grand maître de Calatrava, Muza, le noble frère du misérable roi Boabdil, tous les héros musulmans, tous les chevaliers chrétiens, étaient évoqués par moi. J'entendais la mère du dernier roi de Grenade dire à son fils, lorsqu'ils s'éloignèrent de ce séjour enchanté : « Pleure comme » une femme un empire que tu n'as pas su dé» fendre comme un homme, » et je pleurais comme un roi détrôné qui n'a plus sa mère pour lui reprocher sa faiblesse.

La noire poussière de la Vega, enflammée par les derniers rayons du soleil, montait comme une fumée sous le ciel couleur de sang, et se confondait avec les nuages empourprés d'une soirée caniculaire. On sentait l'orage, mais en même temps on pressentait qu'il n'éclaterait pas encore. Les teintes du crépuscule étaient mobiles, le ciel changeait d'aspect plus vite que la pensée ne change d'objet; ces modulations des couleurs font la magie des soirs d'été dans les pays chauds. C'est une gamme visible, mais si rapide que les intervalles en sont insaisissables, si ce n'est pour le peuple des sylphes qui la montent et la descendent incessamment.

Ce mouvement silencieux autant que vif échappe à la description, il est favorable à tous les genres de rêveries : le ciel, avec ses beaux et riches accidents de nuages, me paraissait habité, je le prenais pour un miroir où se répétaient toutes les scènes de la terre; je croyais voir recommencer dans les airs l'histoire de Grenade : ici ce n'est pas le brouillard qui se prête comme en Écosse aux illusions poétiques, c'est une espèce de poudre, tantôt dorée, tantôt argentée, qui part de la terre et monte vers le ciel. Dans ce milieu pailleté, l'imagination voit ce qu'elle veut; de là sortent les brillants rêves des poëtes modernes, et les fables du paganisme, et les délicatesses de la chevalerie : la mythologie et la féerie sont natives d'un sol brûlant éclairé par un ciel lumineux.

Malgré la faiblesse de ma tête, je ne me lassais pas d'admirer les contours des montagnes de la Sierra Nevada. Ils étaient adoucis, mais non effacés par la poussière étincelante que je viens de vous décrire; une autre chaîne de montagnes opposée à la Sierra Nevada, nous fermait le passage; nous allions nous enfoncer dans ses défilés, d'où nous ne devions sortir qu'au point du jour; on l'appelle, à ce que je crois, la Sierra del Ralco de Pollera.

Une immobilité imposante, un silence religieux régnaient dans ces vastes campagnes : ce calme nous présageait pour la nuit un peu de pluie ou beaucoup de vent. A mesure que l'obscurité se répandait autour de nous, la Vega me paraissait grandir; j'admirais avec une sorte de terreur superstitieuse cette plaine nouvellement dépouillée; la moisson finissait, et je comptais à d'assez grandes distances, les points où les derniers moissonneurs allumaient encore quelques feux de paille, qui s'élevaient à l'horizon dans un lointain immense, pareils au lever des étoiles sur la mer. Aux approches de la nuit, la Vega de Grenade dans cette saison, ressemble à un lac entouré de phares.

Bien souvent, depuis que je voyage en Espagne, mon admiration s'est reportée vers mes souvenirs de Calabre. Voyager, c'est comparer malgré soi; les sites d'Italie sont aussi grands, aussi nobles, et plus beaux, plus variés, plus riches que ceux de l'Andalousie; néanmoins rien n'effacera l'impression de mes derniers adieux à Grenade. Je verrai toujours cette plaine bordée de montagnes fantastiques, coupée d'innombrables ruisseaux, ornée de groupes d'arbres qui semblent envoyés là de tous les climats, pour donner à ce coin de terre un échantillon des richesses végétales du globe, tandis que les hommes qui l'ont habité se sont plus à produire des chefs-d'œuvre d'art, et à laisser à leurs neveux l'exemple de tous les raffinements de la vie sociale la plus élégante. Tout croît dans le royaume de Grenade, depuis le peuplier, le frêne, le pommier, jusqu'à l'olivier, la canne à sucre, jusqu'au caféyer, au cotonnier. Ces derniers arbustes viennent sur les côtes de Motril et d'Adra.

J'emporte avec moi le souvenir d'arômes inconnus, et que je n'ai respirés que dans les vallons de Grenade, le royaume de Cachemire de l'Espagne; je vois ces champs fertiles, malgré l'homme, éclairés par la magique lumière d'un crépuscule méridional; je m'enfonce sous ces chanvres hauts comme un homme à cheval, et dont les émanations enivrantes augmentent le sentiment de la chaleur, surtout, quand à cet étourdissant parfum du soir, se joint le cri de la cigale et le bêlement des chèvres, dont les troupeaux obstruent les chemins vers la fin de chaque journée d'été..

J'ignore comment il se fait que je ne vous ai rien dit encore de la beauté de ces animaux en Espagne. Ils sont d'une race particulière, leur poil est lisse et soyeux au lieu d'être rude, leur taille est plus élevée que celle des chèvres du Nord; leurs oreilles son longues et pendantes comme celles des chiens de chasse, et leur couleur dominante est une teinte fauve approchant du poil bai d'un cheval normand. Leur lait est le seul qu'on puisse se procurer en ce pays, encore à certaines heures et avec peine; car je vous l'ai dit souvent, rien n'est facile en Espagne, du moins rien de ce qui rend la vie commode, rien de ce qui est *comfortable*.

La résignation morose, on peut dire la maussaderie qui caractérise les hommes du peuple et bien d'autres dans cette curieuse contrée, est un obstacle perpétuel aux améliorations souhaitées par les voyageurs et les économistes. Si vous opposez à cette mauvaise humeur, qui se manifeste dans toutes les affaires sérieuses de la vie, la gaieté folle qui éclate à la moindre occasion de plaisir, peut-être parviendrez-vous à vous faire une idée du caractère de l'Espagnol dans l'exercice de ses devoirs decitoyens actifs comme dans la jouissance passionnée de ses divertissements d'homme oisif. L'Espagnol est surtout un homme de loisir; voilà pourquoi tout gouvernement lui est bon, pourvu qu'on lui laisse le sentiment de son indépendance personnelle. Le tatillonnage politique des pays représentatifs révolterait un tel peuple ou le dénaturerait; or dénaturer c'est abrutir....»

Les Espagnols sont sans contredit les meilleurs piétons de l'Europe. Nous avions demandé au gouverneur de Grenade un détachement de miquelets à cheval; mais cette troupe était pour quelques jours occupée à poursuivre des brigands retirés dans les montagnes : nous fûmes réduits à nous contenter de quatre miliciens. On leur donne ici le nom de royalistes; c'est la garde nationale de l'Espagne. Si ce n'est que ces volontaires sont soldés par le gouvernement chaque fois qu'on leur fait faire quelque service. Ces quatre hommes à pied ont marché toute la nuit au pas de nos mules, qui s'était beaucoup allongé passé la première lieue ; à sept heures du matin nous sommes arrivés *al Campillo*, notre premier gîte, et nos hommes d'escorte étaient aussi frais, aussi alertes qu'en partant ; ce n'étaient point des jeunes gens. Les Espagnols, si lents dans toutes les autres actions de la vie, deviennent d'une vivacité surprenante dès qu'il s'agit de marcher.

El Campillo est un misérable village perdu dans un défilé entre des montagnes chauves, comme tous les vieux pics de l'Andalousie, qui me paraît un des pays les plus fatigués de la terre ; plus je le parcours, plus je le trouve au-dessous de la réputation qu'on lui a faite. Excepté les grandes villes et quelques parties montagneuses autour de Ronda et de Grenade, je n'ai rien vu dans ces vastes provinces qui répondît à mon attente. J'ai peut-être trop vite oublié l'impression que m'a causée la première vue de Ronda.

La température *del Campillo* est plus fraîche que celle de Grenade ; j'espérais donc pouvoir y passer une partie du jour à dormir ; bonheur fort rare pour un convalescent en Espagne pendant la canicule. *La venta del Campillo* n'est point habitable, même pour les gens du pays ; je m'étais donc muni à Grenade d'une lettre de recommandation pour un propriétaire de ce village. La maison qu'habitait ce campagnard est située au milieu de la principale, ou pour mieux dire de la seule rue de l'endroit. Elle est assez spacieuse, mais vieille et d'une modeste apparence. Il me reçut avec précaution, examina, non sans défiance, et lut lentement et attentivement la lettre que je lui remis ; à la fin il me fit asseoir avec une prudence marquée, puis il appela ses filles : bientôt il revint pour me dire *que sa maison était la mienne, que tout ce qu'il possédait était à moi*, et me demanda en quoi il pouvait me servir. Je répondis que j'avais apporté mes provisions, et qu'ayant été gravement malade je ne lui demandais qu'un lit pour me reposer. Cette requête donna lieu à de longs chuchottements entre les diverses personnes de la famille ; j'étais gêné, parce que je voyais clairement que j'étais gênant ; après une demi-heure de consultations à voix basse, d'hésitations, d'allées et venues, une servante m'apporta un matelas mince, dur et fort inégal, qu'elle étendit par terre dans une chambre basse, dont l'humidité me semblait devoir être un préservatif contre les bêtes. Je me trompais encore, et je fus bientôt convaincu de l'impossibilité d'échapper à ce fléau des voyageurs en Espagne, surtout dans le midi du royaume pendant l'été. Ces maudits insectes, non-seulement se glissent dans les bois de lit, les matelas, les couvertures, mais elles habitent les murs, les plafonds, les charpentes et tous les meubles des maisons, qu'on devrait surnommer des fourmilières de punaises. Ces vilaines bêtes égalent le nombre des fourmis et surpassent leur activité. Depuis que je vis dans ce pays, je n'ai pu échapper une seule nuit au tourment que me cause la présence de ces odieux ennemis. Si l'on pouvait s'accoutumer à la fièvre, je crois que j'aurais fini par ne plus remarquer les visites de ces hôtes dégoûtants ; mais l'agitation de mon sang m'avertit malgré moi, chaque nuit, de leur arrivée ; mes bagages, mes habits en sont infectés ; si par hasard j'entre dans une chambre moins malpropre que les autres, c'est moi qui apporte l'ennemi dans mon gîte et qui laisse après mon départ des traces sanglantes de mes combats nocturnes. Le jour où j'entrai dans la chambre basse de la maison *del Campillo*, je ne tardai pas à quitter la partie ; j'abandonnai ce matelas obtenu non sans peine, et je m'en allai causer avec le maître du lieu. C'est un homme de bon sens, un petit propriétaire qui vit du produit d'une ferme voisine. Il a un fils auquel il faisait étudier la théologie à l'université de Grenade, parce que l'état de prêtre est le seul qui soit avantageux en Espagne. C'est lui qui parle. Mais à son grand déplaisir l'université est fermée cette année à cause des troubles politiques ; le futur docteur en est réduit à étudier le latin tout seul chez son père dans des livres composés à Madrid ; il profite si bien de cette éducation domestique, qu'il m'a demandé si Virgile était un historien. En général l'éducation élémentaire est pourtant plus soignée dans les campagnes d'Espagne qu'en France. Les prêtres enseignent à tout le monde, et enseignent bien les éléments de l'histoire sacrée, de l'arithmétique et du latin.

Le père du jeune théologien, tout en parlant brigandage, car de quoi parlerait-on ? m'apprit qu'Ap pollinario, le brigand converti, et qui depuis plusieurs années protégeait les voyageurs qu'il était las de dépouiller, vient de retourner à son ancien métier, et répand de nouveau l'effroi dans le pays (*).

Voici la cause de cette rechute. Il s'ennuyait ; un soir, il entre dans une taverne, se querelle en buvant, et tue son homme par manière de passe-temps. Il sort de là pour se retirer *à la montagne*, d'où il recommence ses incursions sur les grands chemins.

Ce récit fut interrompu par le passage d'un détachement de miquelets : c'est une milice spécialement instituée contre les voleurs et les contrebandiers. Ceux-ci, que nous vîmes traverser *El Campillo* menaient à Grenade dix-huit brigands nouvellement arrêtés aux environs de Jaën, et qui faisaient partie de la bande des trois frères Bottijos. C'est une bonne prise, dis-je à mon hôte, elle va rendre vos routes plus sûres. — « S'ils ont volé assez d'argent, me répondit-il, pour pouvoir payer leur évasion, ils seront bientôt de retour dans nos montagnes. » Telle est l'idée que se font de la justice du roi les simples habitants des vallons de l'Andalousie ! A qui la faute ?

A sept heures du soir nous sommes remontés dans notre respectable carrosse, et bientôt la route passa par des gorges si resserrées entre les rochers, si murées par des montagnes colossales, que les

(*) Voyez la lettre d'Aranjuez, tome I.

rayons de la lune n'en atteignaient pas le fond. Ce fond était ordinairement un sable blanc, laissé à nu par les torrents dont il forme le lit pendant l'hiver. De loin, pendant la nuit, cette poussière argentée fait encore l'illusion de l'eau. J'entrevoyais d'énormes masses de rochers grandis par l'obscurité; de temps en temps, au détour d'un défilé, j'apercevais la tête chenue d'une montagne éclatante de lumière : on eût dit de la neige au soleil, ce n'était pourtant que le clair de lune réfléchi par des roches calcaires. Il m'est arrivé plusieurs fois, pendant notre marche nocturne, de prendre ces étonnantes clartés pour l'aurore. Voilà les nuits d'été sous un ciel africain.

En approchant de Jaën la route neuve finit; et l'on tombe dans un chemin dangereux, qui n'est que le lit d'un torrent. On est obligé de passer et de repasser cette eau assez profonde en certains endroits. Vers le milieu de cette nuit je me suis senti bien faible, et j'ai douté de la possibilité de continuer ma route; je cachais mes défaillances, car où les secours sont impossibles la plainte est sans but, et dès lors sans excuse. Nous arrivâmes avec bien de la peine à la porte de Jaën. Elle était fermée, et ne devait se rouvrir qu'à cinq heures du matin. La situation devenait critique : notre majoral entra en pourparler avec les gardes du poste; on dit que j'étais malade, que les brigands pouvaient nous surprendre, que le tour extérieur des murs de la ville était la partie la moins sûre du pays; enfin, au bout d'une heure d'argumentation nous parvînmes à nous faire ouvrir; il était deux heures du matin; la terre brûlante empêchait l'air de se rafraîchir : nous nous sentions suffoqués. On nous mena dans une *posada*; je crus que j'allais retomber malade comme à Grenade : cette hôtellerie était digne de l'état de civilisation du pays : après une heure d'attente, pendant d'innombrables allées et venues, je fus mis en possession d'une espèce de lit placé sous le toit brûlant d'un grenier. Ce gîte avait les mêmes inconvénients que celui *del Campillo*. Je ne sais si le repos que j'y pris peut s'appeler du sommeil, mais je sortis de la chambre plus fatigué que je ne l'étais en me couchant. Néanmoins mes craintes ne se réalisèrent pas, je n'eus point de fièvre et j'espérai de nouveau que nous pourrions continuer notre route.

Ce n'est pas sans quelques souffrances et beaucoup de privations qu'on parcourt la gaie, la riante Andalousie. La meilleure santé suffirait à peine pour supporter les fatigues d'un tel voyage. Ce qu'il y a de pis, c'est qu'excepté Séville, Grenade et quelques sites étonnants, mais rares, que vous trouvez sur votre route, ce pays ne vous dédommage pas du tout de la peine que vous éprouvez à le parcourir. Je vous le répète, il est trop étendu pour le petit nombre de lieux vraiment intéressants qu'il offre aux regards du curieux, et votre voyage presque entier se passe à parcourir d'interminables chaînes de montagnes entièrement pelées, des plaines, de paille quand elles sont cultivées, de poudre quand elles sont incultes.

Dans ces dernières on trouve parfois des plantes singulières, entre autres une petite espèce de chardons, qui croissent presque à ras de terre, et dont la tige, les feuilles et les fleurs sont d'un bleu vif, clair et égal : il y a des champs entiers envahis par cette plante parasite ; en les apercevant on croit regarder la nature à travers un verre de couleur. Des rivières très-encaissées donnent un caractère d'abandon et de stérilité à la campagne : l'eau est si loin de ses bords qu'elle reste inaperçue ; les torrents desséchés entièrement équivalent presque à ces rivières inutiles, et dont les abords sont attristés par de maigres touffes de tamarins, la seule trace de végétation qu'épargnent à cette époque de l'année les rayons du soleil... Il dévaste tout ce qu'il éclaire, depuis le mois de juillet jusqu'au mois de septembre, et au delà. Excepté Grenade, ses promenades, ses montagnes et sa Vega, qui n'est qu'un oasis, le pays ressemble à un désert de cendre fermé par un rempart de marbre. Les montagnes qui forment cette muraille sont tellement à nu, que l'œil perce dans leurs flancs, et que l'esprit s'épouvante en étudiant ainsi malgré lui l'anatomie de la terre : ces ossements gigantesques, ces fragments du squelette du globe ont survécu à tous les bouleversements. Là les secrets de la nature sont à découvert : c'est plus curieux que beau. On ne saurait trop répéter aux enthousiastes sur paroles, que pour la beauté des sites l'Italie est infiniment supérieure à l'Espagne. C'est la différence qu'il y a entre les noires compositions de Salvator Rosa et les chefs-d'œuvre du Poussin et de Claude Lorrain.

La vieille ville de Jaën est située sur le penchant d'une côte, et au pied d'un rocher couleur d'ocre, tant il est calciné par les étés. Ce pic est couronné d'un vieux château mauresque, mais dont les fondements datent, dit-on, du temps des Romains. En Espagne les ruines sont au moins à deux couches, elles en ont bien davantage en Italie, en Grèce, en Egypte. La terre elle-même n'est peut-être que la poussière d'innombrables générations d'animaux inconnus. Dans l'examen des destinées humaines il vient un moment où l'histoire se confond avec l'histoire naturelle. Le physicien est le seul archiviste des temps primitifs du globe : Cuvier remonte plus haut que Moïse et Hérodote.

Jaën fut un lieu fameux pendant les guerres des Arabes; maintenant c'est un petit tas de cendres bien triste et bien brûlant. Ce qui m'a surpris, c'est de trouver que la cathédrale d'une ville si ancienne ne renfermât rien de remarquable. La chaleur qu'on éprouve dans les rues de Jaën est intolérable, même au milieu de la nuit.

On m'avait donné à Grenade une lettre de recommandation fort pressante pour le gouverneur militaire de Jaën; d'après cette précaution, je comptais sur la haute protection de l'important personnage, et je n'avais retenu mes quatre royalistes de Grenade que pour me conduire jusqu'à Jaën. Le gouverneur me reçut avec beaucoup de politesse, ou plutôt de cérémonies; mais voici à peu près le résumé de ses réponses à mes requêtes.

Sa maison, sa personne, tout ce qu'il possédait était à *mes ordres* ; il lui était impossible de m'accorder un seul homme d'escorte : les troupes de ligne et les soldats de cavalerie étaient fatigués par un service très-actif, les miquelets absents. Il ajouta qu'au surplus je ne courais aucun risque sur la route que j'allais prendre. Comme il vit que j'insistais, il me dit : Puisque je n'ai pas d'hommes disponibles, il ne me reste qu'à vous recommander au commandant de la milice. Je vais lui faire dire de vous donner douze de ses hommes et cela suffira. Le gouverneur se servit d'une expression fort usitée dans la langue espagnole, et qui peint ce me semble, mieux que toute autre, la douce vie des brigands andaloux : Avec douze hommes, dit le gouverneur, vous êtes sûr de passer partout d'ici à Andujar. Les brigands vous voyant si bien accompagnés ne *sortiront pas*.

Ce mot nous montre les voleurs commodément établis, soit chez eux, soit dans quelque *cortijo* d'amis, où ils attendent, pour *sortir*, qu'ils soient assurés de la victoire. En ce pays, les moines seuls sont aussi fainéants que les brigands.

Le langage des habitants de notre auberge et de mes miliciens de Grenade était bien différent de celui du gouverneur militaire. La diligence, disait-on, venait d'être volée deux jours de suite sur la route de Séville ; les équipages d'un général avaient été pillés peu de temps auparavant sur celle d'Andujar (sur la nôtre); enfin un envoyé du gouvernement, se rendant à Grenade, venait d'être arrêté à une lieue de Jaën, où on l'avait dépouillé de tout, et même de ses vêtements. J'avais beaucoup de bagage, me disaient encore les alarmistes, j'étais donc sûr d'être dévalisé si je ne prenais outre les douze miliciens, au moins quatre hommes à cheval, les seuls qui se fassent redouter des brigands; on m'assurait d'ailleurs que les trois frères Bottijos erraient aux environs de Jaën, et venaient tous les jours dans la ville s'informer de la marche des voyageurs.

N'étant pas sûr d'obtenir les douze miliciens promis par le gouverneur, je demandai à mes quatre royalistes de Grenade s'ils consentaient, moyennant une double solde, à m'escorter jusqu'à Andujar ; ils me répondirent que, n'étant que quatre, ils ne voudraient pas se hasarder sur cette route. Enfin les douze miliciens me furent accordés, et nous fîmes atteler nos mules au grand déplaisir du majoral, qui mourait de peur, à ce qu'il disait lui-même, et aurait voulu payer de sa poche une escorte de cavalerie, plutôt que de s'exposer comme il allait le faire pour nous obéir.

Je comptai un peu sur l'exagération naturelle aux Andaloux, qui aiment à amplifier tout ce qui leur frappe l'imagination ; je me fiai aussi à mon heureuse étoile de voyageur, et je montai en voiture à cinq heures du soir, par une poussière et une chaleur dont je ne pourrais vous donner l'idée, quand j'épuiserais tous les mots de la langue pour vous peindre quelque chose d'insupportable.

Les campagnes jaunes, les montagnes rouges, le

ciel pâle, tout s'accordait pour nous frapper de tristesse; si de loin en loin les derniers moissonneurs n'eussent formé, dans les champs presque entièrement dépouillés, des groupes pittoresques et animés, nous aurions pu nous croire dans le désert de Sahara.

Je m'amusais à voir ces hommes, presque aussi bruns que les Africains, tourner en traîneaux dans leur cercle de paille : singulière promenade qui réduit la tige du froment à de petits morceaux longs de deux pouces tout au plus. Les chevaux espagnols ne mangent pas d'autre paille; cette manière de la hacher est la cause d'une de nos grandes privations; puisque nous implorons en vain, d'un bout du royaume à l'autre, la botte de paille fraîche, dernière ressource du voyageur contre les mauvais gîtes et les lits malpropres !!..

A sept heures le jour nous quitta, le soleil devint sanglant, puis disparut aussitôt derrière des collines qui grandirent subitement dans l'ombre : le pays me parut bouleversé sous cette nuit qui venait si vite. La route que nous avions à faire était à peine tracée à travers champs : l'obscurité la plus profonde dura deux heures : nous n'avancions presque pas; mais au lever de la lune nous hâtâmes notre marche, et nous achevâmes ce trajet si redouté sans entendre d'autre bruit que la voix des chiens de bergers. Ces animaux aboyaient avec fureur chaque fois que nous passions près d'un *cortijo* isolé. La route est bordée de ces petites fermes; et ce sont ces habitations qui la rendent peu sûre. Plusieurs fois j'ai cru en voir *sortir* les laboureurs brigands; mais j'en ai été quitte pour mes frais d'imagination et d'inquiétude, et vers trois heures du matin nous arrivâmes à Andujar. Le surlendemain nous prîmes la diligence de Madrid, d'où celle de France va me ramener à Bayonne en quatre jours.

Deux choses me frappent depuis mon retour à Madrid : c'est l'extrême civilisation des habitants de cette capitale, et la fraîcheur de sa température au mois d'août. Ce qui peut servir à vous donner une idée de l'état de l'industrie dans l'Andalousie, et de la chaleur que j'y ai ressentie, c'est le soulagement que me cause la fraîcheur du climat de la Nouvelle-Castille. Je n'oublierai jamais les trois heures que j'ai passées avant-hier dans l'auberge de Val de Peñas! Les murs, les meubles, le vin, l'eau, la terre, tout était brûlant; et ce feu couvert n'a pas la vertu de la flamme qui purifie; il consume, il tue, mais par la putréfaction. C'est une infection dévorante. On ne sait pas ce qu'on doit boire en traversant la Manche pendant cette saison. L'eau y est saumâtre et si malsaine, que les habitants du pays en défendent l'usage aux étrangers. Le vin est tiède et imprégné d'une saveur amère, produite par les peaux de bouc, où il est renfermé ; enfin la nature, triste et pauvre, ne dédommage pas de tout ce qui manque à la vie domestique.

Demain nous partons pour la France.

LETTRE LIX ET DERNIÈRE.

SOMMAIRE.

Bayonne. — Première impression produite par le retour en France. — Pourquoi la France est difficile à gouverner. — Les Français ne sont légers qu'en paroles. — Un pays où l'on vit par l'esprit attache ses enfants plus que tout autre. — Impression de l'air en quittant la Castille. — Le voyageur renaît dans les Pyrénées. — Influence du physique sur le moral. — Maladie qui ressemble à un chagrin. — Bien-être matériel qu'on éprouve en quittant l'Espagne. — Journal de Madrid. — Le comparer à nos Journaux. — Ce qu'on y dit de M. de Chateaubriand. — Sonnet latin et espagnol à la fois. — A quoi sert l'indépendance.

A MADAME

LA PRINCESSE DE VAUDEMONT.

Bayonne, ce 12 août 1831.

A peine sorti du calme de la vieille et majestueuse Espagne, je me sens étourdi du tourbillon français, je ne suis pourtant encore qu'à l'extrême frontière de notre pays. Mais j'ai lu trois journaux ; c'est une lumière trop éclatante pour un esprit habitué au jour doux de la censure espagnole. Notre guerre de plume, tout innocente que nous la croyons, ne pourrait-elle pas finir par quelqu'incendie?

Savez-vous pourquoi la France est devenue si difficile à gouverner? c'est parce qu'elle manque d'imagination ; cette remarque, comme tant d'autres vérités, a l'air d'un paradoxe, ce qui n'ôte rien à sa justesse, surtout aux yeux de votre esprit, qui va vite au fond des choses. En général notre jeunesse n'a encore su imaginer d'autre gloire que celle des conquêtes, d'autre satisfaction d'amour-propre que la fierté qui naît de l'exaltation des vanités nationales. Pourtant le patriotisme étroit, et qui va jusqu'au mépris des nations étrangères, me paraît un sentiment usé en Europe ; mais rien ne finit chez une nation routinière comme la nôtre. Il faut un siècle à la France, pour comprendre les conséquences d'une situation nouvelle, et pour entrer dans la route d'un avenir sans passé. Nous sommes obstinés comme l'irréflexion ! ! !... Notre soi-disant légèreté ne passe point les paroles ; en action nous sommes les Chinois de l'Europe : cauteleux, hommes d'habitudes s'il en fut, paresseux à penser : nous vivons tantôt dans la fièvre, tantôt dans le sommeil. Pour accorder notre apathie avec notre impatience et notre vivacité, il faudrait une suite d'événements qui ne dépendent pas de nous. N'y pensons donc plus et parlons d'autre chose.

Si je me réjouis de mon retour, c'est pour vous revoir ; et puis il y a dans l'air et dans le nom de France quelque chose que rien ne remplace, pour nous qui l'avons respiré et balbutié en naissant. Le sol de France, tout favorable qu'il est aux graines étrangères, n'en est pas moins nécessaire aux plantes indigènes. Un pays, où l'on vit surtout par l'esprit, est de toutes les patries la plus difficile à oublier. Cette vie de l'esprit manque à chaque instant quand on la perd, et l'on en jouit à toute heure quand on la retrouve; tout la rappelle, rien ne la remplace. J'aime l'esprit français au point de ne plus m'impatienter de l'accent gascon des Basques de Bayonne.

Vous vous seriez étonnée de la métamorphose qui s'est opérée en moi au passage de Somosierra: c'était à vingt-cinq lieues de Madrid; arrivé sur le versant septentrional de cette âpre chaîne de montagnes, il m'a semblé qu'on me tirait de dessous une cloche de verre: depuis ce moment je me sens guéri, parfaitement guéri: au point que si je n'étais forcé de regarder tous les matins pendant un quart d'heure dans le miroir ma figure maigre et pâle, je croirais que j'ai rêvé mon mal: ma sensation est comme auparavant. Jamais le changement d'air n'a produit sur personne un effet si subit; plus nous avancions vers les Pyrénées, plus la verdure redevenait vive, variée et fraîche; et plus je me sentais gai, actif; mon esprit est comme une plante dans un pot, et l'air de France le vivifie comme l'eau rafraîchit la fleur ; c'est effrayant de voir à quoi tient la pensée ! Trouvez-moi la place de la liberté dans tout cela, vous serez plus habile que moi : pourtant je n'y renonce pas. Je chercherai jusqu'à la fin. C'est surtout pour le mot de cette énigme-là qu'il faut se garder de jeter sa langue au chien.

A Madrid le fond de mon mal était un découragement incurable, parce qu'il était physique. La raison ne pouvait rien contre une tristesse sans cause. Dieu vous préserve des maladies déguisées en chagrins : c'est je crois ce que les anciens appelaient la possession ; toutes ces vapeurs ont disparu avec les horizons poudreux et les déserts arides des deux Castilles. Bayonne me paraît frais comme la Suisse, civilisé comme Surennes. Des lits sans bêtes, des vitres aux fenêtres, du lait, du beurre, de la soupe sans graisse et sans huile rance : c'est franchir trois siècles en un jour !

Pour achever le parallèle, je vais vous traduire mot à mot, et sans en retrancher une ligne, un journal de Madrid du mois de mai dernier. Vous y verrez un bel éloge de M. de Châteaubriand, et bien naïf ; c'est ce qui m'a fait choisir ce numéro. Je ne me suis jamais senti si Français qu'en Espagne ; c'est que les Espagnols ont un esprit essentiellement national, et l'orgueil de la patrie est contagieux.

Cmparez, je vous prie, le *Diario* de Madrid avec le *Journal des Débats*, le *National*, le *Temps*, et même la *Gazette de France*, et vous aurez une idée plus juste de la différence qu'il y a entre les deux pays, que si vous aviez lu des volumes de réflexions et de définitions.

Je vous envoie aussi une pièce de vers que vous vous ferez expliquer par quelque savant, ou seulement par un écolier qui a fait ses classes comme on ne les fait plus. C'est un sonnet de don Hyppolite Bellicer de Tovar, inscrit sur le tombeau de Fray Lope de Vega Carpio; chaque mot de ce sonnet est à la fois castillan pur, et latin pas si pur. Aucune autre langue que l'espagnol ne se prêterait à ce singulier tour de force.

J'aurais pu attendre pour vous porter tout cela, mais vous savez que je suis toujours pressé de vous occuper de moi. Comment tarder à vous remercier de m'avoir fait faire ce voyage, que je n'ai entrepris que d'après votre conseil? Sans vous je retournais en Italie.

Je vais passer encore un mois à Saint-Sauveur, uniquement par conscience, et parce qu'on m'assure que j'ai été malade; ce qui est au moins aussi certain, c'est que je ne le suis plus. J'aimerais mieux aller voir le Calvaire que les Pyrénées : mais j'éprouve que l'indépendance ne sert pas à faire ce qu'on veut; elle multiplie les volontés, voilà tout : ce qui équivaut à l'esclavage ; et voilà pourquoi ce n'est pas moi qui vous porte cette lettre. Adieu!...

Num. 98. 3 cuartos *.

JOURNAL D'ANNONCES DE MADRID.

VENDREDI 8 AVRIL 1831.

Saint-Denis, évêque, et le bienheureux Julien Saint-Augustin. — Prières de quarante heures dans l'église des Pères-Chaussés de la Trinité.

OBSERVATIONS MÉTÉOROLOGIQUES D'HIER.				OBSERVATIONS astronomiques d'aujourd'hui.
Époques.	*Therm. Réaum.*	*Baromètre.*	*Atmosphère.*	*26e jour de la lune.*
7 h. du m.	5 o	25 p. 7 lig.	S.-E. et couvert.	Lever du soleil, 5 heures 35 min.
midi.	10 au-dessus o	25 p. 8 lig.	O.-S.-O. et couv.	
5 h. du s.	8 o	25 p. 10 lig.	O. et couvert.	Coucher 6 h. 25 m.

Ordre de la place du 7 avril 1831. — *Service pour le* 8.

Chef de service, le colonel don Miguel Fontecilla.

Parade, premier régiment de grenadiers provinciaux de la garde royale.

Service des théâtres, escadron léger de Madrid, et volontaires royalistes d'infanterie.

Service des patrouilles, premier régiment de grenadiers

* La valeur d'un *cuarto* est inférieure à celle d'un sou; huit cuartos et demi composent un *real*, qui est le quart d'une piécette. Celle-ci a donc 34 quartos, tandis que le franc ne compte que 20 sous, qui équivalent à 32 quartos.

provinciaux de la garde royale, et volontaires royalistes d'infanterie.

Inspection de l'hôpital, un capitaine appartenant audit premier régiment de grenadiers.

Inspection de l'orge et de la paille, un officier de l'escadron léger de Madrid.

Inspection des autres approvisionnements, un officier du corps de vétérans.

Signé FERNANDEZ.

Numéro 429 *du Courrier littéraire et commercial.* Il contient d'abord les éphémérides du jour : ensuite des nouvelles de divers pays et d'Espagne ; dans la partie des beaux-arts, la description du dais somptueux, qui a été étrenné dans la solennité que *l'illustre congrégation de la garde et de l'oraison* fait célébrer pour le Très-Saint-Sacrement pendant les prières de quarante heures. A l'article variétés, on y lit un article sur les femmes d'Alger, et un autre sur les maris arabes. En poésie, on y trouve un sonnet à Laura, et dans l'examen des ouvrages nouveaux, l'analyse d'une brochure intitulée : « *Avis ou jugement philosophico-médical.* » Suivent un article de modes, une lettre castillane sur la Pologne, un article communiqué sur la musique, une charade, et le mot de celle du dernier numéro ; enfin, divers articles de commerce et d'industrie, et la cote de la bourse. Ce numéro, ainsi que les précédents, se vend à 8 quartos dans la librairie de Cuesta, en face le péristyle de Saint-Philippe. A cette librairie, et à la rédaction du journal, située sous les portiques de la plaza Mayor (grande place), auprès de l'arc de la rue de Toledo, on reçoit des souscriptions à raison de 10 réaux * par mois; le journal est porté à domicile.

D'après un arrêté du seigneur don Domingo Maria Barrafon, corrégidor de cette ville, expédié par le greffier de la très-excellente municipalité (ayuntamiento), D. Domingo Bande, on vend à l'enchère l'emplacement situé dans cette cour de Madrid, rue de San Cosme et San Damian, sans numéro dans la manzana ** 19, lequel emplacement contient quatre cent trente-huit pieds de surface, et a été évalué à la somme de 2,858 réaux, de laquelle somme sont encore à déduire les charges. Quiconque voudra surenchérir à la charge de rebâtir, doit recourir devant ledit seigneur juge et ledit greffier susmentionnés, et si on trouve le prix offert, convenable, on l'acceptera. L'adjudication définitive est fixée à demain à midi, à l'hôtel de la municipalité (en las casas consistoriales).

INTENDANCE DE LA PROVINCE DE MADRID.

L'ordre royal du 22 mars dernier, inséré dans le numéro de ce journal du 30, devant être exécuté, il est indispensable que tous les propriétaires de magasins d'eau-de-vie de cette cour, et ceux qui auraient quelque assortiment de cet article, se présentent à l'administration des impôts de la province, située au rez-de-chaussée de la maison royale de

* 50 sous.

** On appelle *manzana* l'assemblage d'un certain nombre de maisons.

la douane, dans le terme péremptoire et précis de trois jours, et y fassent exhibition d'un état de ce qu'ils avaient en magasin le 1er de ce mois; bien entendu que si l'état présenté pouvait faire supposer qu'on n'avait point déclaré tout ce que contenait le magasin, on procéderait au jaugeage nécessaire, et on considérerait contrebande, la partie non déclarée.

DIRECTION GÉNÉRALE DES LOTERIES ROYALES.

Etat des villes auxquelles sont échues les trente-six primes supérieures, parmi les 1,364 *comprises dans le tirage d'hier.*

Numéros.	Primes.	Villes.	Numéros.	Primes.	Villes.
5103	8000 piast.	Madrid.	21075	400 piast.	Madrid.
20523	2000	*Id.*	11533	400	*Id.*
21954	2000	Jerez.	1069	400	Coruna.
17180	1000	Barcelona.	23270	400	Valencia.
25655	1000	*Id.*	15522	400	Zaragoza.
2860	1000	Puerto-de-Santa-	10693	400	Jerez.
		Maria.	11996	400	Madrid.
19269	400	Madrid.	344	400	Grenada.
8362	400	Valencia.	13043	400	Cadiz.
8636	400	Madrid.	21491	400	Cartagena.
16226	400	*Id.*	24314	400	Cadiz.
24117	400	*Id.*	27451	400	Madrid.
4852	400	Sevilla.	17403	400	Valencia.
16552	400	Cartagena.	22914	400	Cadiz.
6224	400	Zaragoza.	29934	400	Madrid.
20788	400	Barcelona.	18085	400	Ciudad-Rodrigo.
8305	400	Cadix.	174	400	Cadix.
18860	400	*Id.*	16638	400	Badajoz.
5275	400	Barcelona.			

Le tirage suivant des fortes primes, payées avec les fonds

de 16 mille billets à 12 piastres chacun, aura lieu le 25 de ce mois.

Les employés en retraite et ceux qui sont en disponibilité, des bureaux des impôts de toutes classes, voudront bien se présenter à la trésorerie de province, pour toucher les appointements du mois de mars, les 8, 9 et 11 du courant, les employés en disponibilité de service inférieur, toutes les veuves et ceux qui jouissent d'allocations personnelles, les 12, 13 et 14; les autres pensionnaires, les 15 et 16.

Le docteur don Rafael-Garrido et Rodriguez, subdélégué des biens mostrencos* de la ville d'Alcala d'Henares, fait savoir que le 12 du courant, à midi, on procédera chez lui à l'adjudication publique et définitive à l'enchère des 185 fanèques de terre **, de celles qui ont été déclarées vacantes dans le territoire de la ville de Méjorada. Ces terres sont les mêmes qui auparavant avaient été achetées par Miguel Adan et Miguel Oliveros; mais ceux-ci n'ayant pas acquitté le prix de la vente, on a dû les déclarer vacantes de nouveau. Quiconque voudra surenchérir doit recourir avant ou au plus tard le même jour indiqué, bien entendu que l'adjudication terminée on devra faire tout de suite la remise de la somme payant les terres adjugées.

* Biens *mostrencos* sont ceux dont on ignore le maître, et qui, en cette qualité, sont adjugés à l'état.

** On appelle en Espagne fanèque de terre l'espace qui contient 400 estadales carrés.

PRIX DES GRAINS DANS LE MARCHÉ D'HIER 7 AVRIL.

Blé.

De 26 à 35 réaux la fanèque.

Orge.

De 16 à 17 1/2 réaux.

Vesce.

De 24 à 25.

Il a été établi à Florence un bureau sous le titre d'Agence générale, dirigée par don Vicente Bracci, ancien vice-consul de S. M. B. à Livourne. On a choisi ce point-là comme le plus central de l'Italie et voisin des États pontificaux, de la Lombardie, du Piémont, de Parme, de la Lombardie vénitienne, de Naples, et même des îles d'Elbe et de Corse. L'agence s'occupe principalement des réclamations, du recouvrement et de la direction des intérêts fondés dans les diverses parties de l'Italie, et qui appartiennent aux Espagnols et aux autres étrangers, qui, à cause de leur domicile dans des pays éloignés, ne peuvent pas y prêter attention personnellement. Les connaissances que M. Bracci possède dans l'administration des biens, ainsi que dans les langues espagnole, française et italienne, le mettent en état de remplir parfaitement les commissions dont on voudra le charger. Le consul de S. M. à Livourne répond de sa probité et garantit sa personne. Les pouvoirs qu'on lui remettra devront être conçus en son nom, avec clauses de substitution, où on pourra insérer les instructions particulières sur la manière d'après laquelle les commettants voudront qu'on dirige leurs affaires, et sur le moyen de suivre la correspondance, fixant en même temps l'allocation en traitement à titre de commission, bien entendu que les frais devront toujours être à la charge des commettants. On n'exigera de ceux-ci aucune avance d'argent, excepté l'indispensable pour affranchir les lettres et envoyer les pouvoirs à leurs destinations. Pour faciliter aux commettants l'envoi des pouvoirs et des lettres avec promptitude et sûreté, on leur fait savoir qu'ils peuvent les remettre après un reçu de don José Llanos, agent d'affaires, dans cette cour, petite place de Sainte-Anne, n° 19, au second étage à droite, lequel est en correspondance directe avec le chef de ladite agence en Italie.

On vient de rebâtir une grande maison pour servir de boulangerie. Sa localité excède de 10,000 pieds d'emplacement destiné aux divers ateliers nécessaires au but de l'établissement, jouissant tous d'assez d'extension et de commodité. La maison est située dans la rue Neuve-de-Saint-Jean, n° 5, de la Manzana, 521. Pour location, on traitera avec le propriétaire, dont l'adresse sera indiquée à la maison même.

On a besoin d'un gérant pour une pharmacie hors de cette cour; s'adresser pour renseignements à don Miguel Garcia, notaire, qui y demeure, rue des Chapelains, n° 1, 2e étage.

A l'hôtellerie des *Œufs*, chambre n° 11, rue de la Concep-tion-Geronima, on continue à vendre les pois chiches de *Suente Sanco*, à 14 réaux l'arrobe.

A l'auberge de la *Douane*, rue d'Alcala, se trouve une

galera * qui revient à Grenade et Jaën. S'adresser pour renseignements à la même auberge.

José Bueno Ordinario **, de Malaga, se trouve à l'auberge de la *Ursula*, avec des bêtes grandes et petites. Il reçoit des voyageurs et des effets pour ladite ville et sa route.

LIVRES.

Dieu et l'Espagne, ou Essai de démonstration historique de ce que l'Espagne doit au catholicisme, par le père-frère *Manuel Amado*, religieux dominicain. L'objet de cet ouvrage, en analysant les principaux événements de notre histoire, n'est autre que de rendre les Espagnols reconnaissants envers la religion. L'ouvrage formera 3 vol. in-8, à 20 feuilles chacun. On reçoit les souscriptions à Madrid, dans les librairies de Gonzalez, rue d'Atocha, en face des Gremios *** et de Rodriguez, rue de Carretas; à 10 réaux le volume broché, et 12 relié.

Nouvelle description de la Terre-Sainte, d'après l'itinéraire du voyage fait par *Châteaubriand* de Paris à Jérusalem et de Jérusalem à Paris, allant par la Grèce et revenant par l'Égypte, la Barbarie et l'Espagne, seconde édition, considé-

* Chariot couvert.

** *Ordinarios* sont ceux qui font le métier de conduire des voyageurs et transporter des effets, soit en chariot, soit sur des mulets ou ânes.

*** Les *Gremios* sont les corps de métiers.

rablement corrigée, et augmentée de deux mémoires très-érudits, qui contiennent, le premier, l'*Histoire de Sparte et d'Athènes*, depuis Auguste jusqu'à nos jours, et le second, un Examen sur l'authenticité des traditions religieuses sur Jérusalem. Elle est, en outre, ornée d'une carte exacte de tous les pays parcourus par l'auteur. L'éditeur craindrait de se rendre fatigant s'il s'arrêtait à faire l'éloge d'une production dont le mérite est assez justifié par le nom seul de Châteaubriand. La réputation que ce génie sublime a su s'acquérir dans le monde littéraire n'arrivera jamais à être trop vivement proclamée. L'ouvrage qu'on annonce offre la description la plus complète de Jérusalem et des saints lieux, en même temps que la démonstration la plus certaine des traditions religieuses sur cette sainte ville. Les peuples chrétiens sont les plus intéressés dans la lecture des vérités, qui pour le malheur de l'humanité ont été méconnues par l'impiété et l'incrédulité. Châteaubriand est venu combattre cette impiété et cette incrédulité; il a su, avec son érudition sacrée et profane, avec ses réflexions morales et philosophiques, faire triompher dans son ouvrage la vérité et l'utilité de ces intéressantes et saintes traditions. L'ouvrage, composé de deux volumes in-8, se vend dans la librairie d'Escribano, rue des Carretas, à 22 réaux broché et 26 relié.

PERTES.

Il a été égaré, entre 8 et 9 heures du soir du 5 courant, à la grande place, ou de là, suivant la rue d'Atocha, jusqu'à la rue de la Conception-Géronima, une montre en argent, à répétition, avec double fond de même métal, un ruban rouge, une agrafe et un anneau en or, auxquels étaient appendus un cachet et une clef en or, ces deux pièces contenant une agate blanche. On recommande à messieurs les orfèvres et horlogers, au pouvoir desquels tomberaient lesdits bijoux, soit réunis, soit séparés, de vouloir bien en avertir rue du Prado, n° 1, au second, maison de Sainte-Catherine, où il sera donné des renseignements plus spéciaux, ainsi que la récompense convenable.

Le dimanche de Pâques, il a été perdu une épingle en or, avec une camée en cornaline, à partir de la rue del Gato, allant par celle de la Gorgnera et la petite place de Sainte-Anne, jusqu'au café situé en face du théâtre du Prince. On prie la personne qui l'aurait trouvée d'avoir la bonté de la remettre rue des Lions, n° 3, au second, où on lui donnera 20 réaux de récompense.

THÉATRES.

THÉATRE DU PRINCE, A 7 HEURES DU SOIR.

Lo que Mudar de Vestidos! Y Oros son triunsos *, comédie en trois actes, imitée d'une pièce étrangère, par don *José Maria Carnercro*. On dansera après les *Boleros de la Marica*, par madame Vives et MM. Garcia; le spectacle se terminera par le *Saineti* **, intitulé le *Duinde fingido* (le faux

* La comédie originale française a pour titre l'*Habitant de la Guadeloupe*.

** Espèce de vaudeville.

esprit follet). Acteurs dans la comédie : mesdames Generoso, Velasco et R. Gonzalez; MM. Latorre, Fabiani, Azcona, etc. Acteurs dans le *Saineti* : mesdames R. Gonzalez et Cabo; MM. Azcona, Fabiani, Rubio, etc.

Recettes du spectacle d'hier au soir, 3,459 réaux et 30 maravedis *.

THÉATRE DE LA CRUZ (de la Croix), A 7 HEURES DU SOIR.

El Exposito ilustre ó el Mozo de café (l'Illustre enfant-trouvé ou le Garçon de café), comédie en 5 actes; la comédie terminée on exécutera un divertissement de danse ainsi disposé : Un pas de deux, par madame Marie Fabiani et M. Antoine Fabiani; un pas de trois, par madame Volet, madame Bazire et M. Alard, et une finale par les principaux artistes de danse. Le spectacle terminera par le Saineti, intitulé : *Los Butibambas*. Acteurs dans la comédie : mesdames Bravo, Léon et D. Pinto; MM. Montano, R. Lassez, Galinde, Campos, etc. Acteurs dans la Saineti : mesdames Léon, T. Bans, R. Pinto, etc.; MM. J. Cubas, Campos, V. Fernandez, etc.

Recettes du spectacle d'hier au soir, 1,668 réaux et 20 maravedis.

Le propriétaire du tableau magnifique du Temple de Jé-

*Le produit de toutes les localités du théâtre du Prince s'élève à 8,800 réaux (2,200 francs); mais excepté les soirées d'opéra italien et les premières représentations d'une pièce nouvelle, on est toujours sûr de trouver déserte la moitié de la salle. Les recettes du théâtre de la *Cruz* montent à 9,000 réaux (2,250 francs). Mais ce théâtre est encore moins fréquenté que celui du prince.

rusalem, qui a obtenu un si grand succès dans cette cour et dans quelques autres de l'Europe, et qu'on voit à l'hôtel de Saint-Louis, rue de la Montera, annonce au public que son départ pour une autre ville aura lieu très-incessamment; mais désirant que les personnes qui n'auraient pas pu visiter ce bel ouvrage, à cause de l'élévation du prix d'entrée, puissent le faire, a résolu de leur faciliter le spectacle pour la somme modérée d'un *réal*. Les militaires et les enfants entreront pour 5 *quartos*.

Avec l'autorisation royale; imprimerie de l'éditeur don Pédro Ximenez de Haro.

AL TUMULO

DE FREY LOPE DE VEGA CARPIO,

en latin puro y constante castellano

POR DON HIPOLITO BELLICER DE TOVAR.

SONNETTA.

Sacra splendida excelsa inclyta pyra
De fama héroica tumba gloriosa
Si cadaver occultas religiosa
Tu me inflamma, devota, tu me inspira.

rara prodigiosa, culta Lyra
Fœcundas voces canta numerosa
Eloquentias publica harmoniosa
Terentianos periodos admira.

Tu peroegrina Phœnix quæ volando
Alta penetras. Barbaras nationes
Claros, æternos orbes habitando.

Vive Felix. Sphœricas regiones
Immortales coronas illustrando
Adorando beatificas visiones.

FIN DU QUATRIÈME ET DERNIER VOLUME.

TABLE DES LETTRES

CONTENUES

DANS CET OUVRAGE.

négociant. — La Bidassoa. — Séparation complète des deux Pays. — Auberges espagnoles. — Hernani. — Aspect des rues et des maisons. — Tolosa. — Le premier prêtre. Son costume. — L'estaffier. — Un brigand pour escorte. — Burgos. — La cathédrale en passant. — Les premiers moines. — Les geôliers aussi esclaves que les prisonniers. — Indépendance des Espagnols. — Sites de la Vieille-Castille. — Somo-Sierra. — Tourmente de neige. — Danger. — La venta. — La nuit d'auberge. — Chapitre de roman. — L'assassinat. — La femme grenadier. — Le vieillard égoïste et mystérieux. — La jeune fille et le muletier. — La voiture perdue dans la neige. — L'écurie d'auberge. — Le chocolat. — Manières respectueuses et nobles du peuple espagnol. — Description du défilé. — Caractère des paysans. — Figure des rochers. — La plaine de Madrid. — Arrivée dans cette ville.

LETTRE VI.

A MISS BOWLES.

Madrid, 7 avril 1831.

Ce qui, aux yeux de l'auteur, caractérise l'Espagne. — Cachet national imprimé partout. — Préventions trompeuses. — Parallèle entre l'Italie et l'Espagne. — Influence d'un peuple conquis sur ses vainqueurs. — Bonne foi espagnole. — Traits de cruauté pendant la guerre d'invasion. — Dévouement du moine d'Alicante. — Un Français maître de langue espagnole à Madrid. — Physionomie du peuple. — Assassinat en plein jour. — Les brigands à la porte de la ville. — L'escorte inutile. — Traces de l'influence étrangère dans l'aspect des rues et des édifices. — Esprit monarchique dans le peuple. — La chaîne de fer. — La reine. — Égalité réelle. — Le Prado. — La rue d'Alcala. — Aspect de la ville. — Costumes divers. — La mantille. — Plusieurs espèces d'habits de majo. — Désintéressement des Espagnols. — Singulière situation de la légation française à Madrid en 1831. — Les Français en quarantaine.

LETTRE VII.

A MONSIEUR BERSTECHER.

Madrid, 10 avril 1831.

LETTRE VIII.

A MONSIEUR LE COMTE ALFRED DE MAUSSION.

Madrid, 11 avril 1831.

moine criminel. — Arrestations pour délits politiques.— Minuties de la police de Madrid. — Effets contraires des mêmes institutions en Autriche et en Espagne. — Les gouvernements conséquents sont les pires.

LETTRE IX.

A MISS BOWLES.

Madrid, 12 avril 1831.

Musée d'artillerie. — C'est l'ancien palais du prince de la Paix. — Politesse des Espagnols. — Leur hospitalité même pour les Français, malgré les préjugés politiques qui règnent en ce moment contre nous. — Union du peuple et du roi. — Civilisation religieuse plus durable que la civilisation purement littéraire. — Les moines espions. — En France, la *gazette* remplace le catéchisme. — Pouvoir des libéraux espagnols moins fort qu'on ne le croit chez nous. — Révolutionnaires déguisés en royalistes. — De quoi se compose le parti des novateurs. —Impossibilité de se soustraire aux préoccupations politiques, même quand on voyage pour oublier le temps présent. — Arsenal de Madrid. — Épée de Rolland, du Cid, de François Ier, etc., etc. — Armures célèbres. — Belle ordonnance de tous les établissements royaux en Espagne. — Vue dont on jouit de la terrasse de l'Arsenal. — Aspect du pays.— Constructions romaines. — Réponse des Espagnols à tout ce qu'on leur demande.

LETTRE X.

A MISS BOWLES.

Madrid, 13 avril 1831.

Le musée de Madrid et l'académie de Saint-Ferdinand. — Le Spasimo de Raphaël. -- Analyse de ce tableau. — Restauration qu'il a subie. — Vénus et Adonis, par le Titien. — Différence du style des deux maîtres italiens. — Ecole espagnole. — Murillo.—Rebecca. — Comparaison avec le tableau d'Horace Vernet sur le même sujet (en note). — La sainte Elisabeth de Mu-

LETTRE XI.

A MADAME DE COURBONNE.

Madrid, 14 avril 1831.

LETTRE XII.

A MADAME ÉMILE DE GIRARDIN.

Madrid, 23 avril 1831.

— Dénoûment original. — Jeu des acteurs. — Parallèle des comédiens espagnols et des anglais. — Moyen de faire effet sur la scène. — Danse espagnole. — Différence de la vraie danse nationale et des boleros arrangés pour le théâtre. — La *sainete*. — Les choses saintes sur le théâtre. — La prière publique au spectacle. — Costume national trop rare. — Les galères pour tout homme qui pénètre dans l'amphithéâtre réservé aux femmes. — Prix d'un journal français à Madrid. — Promenade au Prado. — Voitures de tous les siècles. — Le groom et le postillon. — Le *buen retiro* ancien et moderne. — Le palais du roi. — L'esprit français de trop à Madrid.

LETTRE XIII.

A MONSIEUR VICTOR HUGO.

Madrid, 17 avril 1831.

Climat de Madrid. — Adage castillan sur la nature pernicieuse de l'air. — La procession du grand bon Dieu. — Fête des mourants. — Foi populaire. — Son résultat moral. — Combat de taureaux. — Description de l'amphithéâtre. — Mouvement de la population de Madrid. — Dénombrement des combattants. — Leur costume. — Les picadores. — Le matador. — Le roi et le vieux picadore. — Le taureau. — Son entrée. — L'extrême-onction. — La vie humaine considérée du point de vue religieux. — Entrée du matador. — Le coup mortel. — Danger pour l'homme. — Cruauté des spectateurs. — Pourquoi les femmes sont-elles admises dans l'amphithéâtre. — Ce que perd la femme à vouloir être l'égale de l'homme. — Principaux traits du caractère des femmes espagnoles. — Les plaisirs cruels nuisent à l'amour. — Privilége accordé à l'hôpital. — Passion pour les combats de taureaux. — Dégoût de la reine pour ce plaisir. — Les aigles. — Retour de la foule. — La promenade qui précède le jour du combat. — Les femmes et les picadores d'autrefois. — Usage abandonné. — Ce qu'il avait de mauvais dure encore. — Inconséquence d'un vieux picadore ; dureté du roi. — Le matador tué par le taureau. — Une exécution à mort le jour de la fête.

LETTRE XIV.

A MADAME LA COMTESSE DE BRADI.

Madrid, 19 avril 1831.

LETTRE XV.

A M. BERTIN L'AINÉ.

L'Escurial, 23 avril 1831.

LETTRE XVI.

A MONSIEUR DE LAMARTINE.

Tolède, 26 avril 1831.

Le désert commence à la porte de Madrid.— Aspect du pays entre cette ville et Tolède. — Particularité du climat. — La porte d'Alcala. — Silence des rues de Madrid. — Sang-froid des Castillans. — Leur politesse. — Route de Tolède. — Manière de la parcourir. — La civilisation matérielle n'est pas tout. — Dépopulation de Tolède. — La cathédrale. — L'Alcazar. — Le Tage. — Aspect du pays.—Préjugé des paysans. — Monuments religieux. — Plusieurs couches de ruines.— Gaieté des habitants. — Parfums des plaines incultes au printemps. — Le pont du Tage. — La promenade du soir. — L'oratoire seigneurial. — Le prêtre familier. — Son emploi. — Beaumarchais. — Le directeur de la police. — Ses agents sont espions, voleurs et brigands.

LETTRE XVII.

A MISS BOWLES.

Aranjuez, 28 avril 1831.

Parti des absolutistes. — Le roi leur paraît un révolutionnaire. — Origine du parti carliste. — Un mot sur l'infant don Carlos. — Le père Cyrille exilé comme absolutiste. — Cevallos exilé comme révolutionnaire. — Histoire du brigand Apollinario et d'un franciscain. — Conversion du voleur : sa rechute.

LETTRE XVIII.

A MONSIEUR BERSTECHER.

Andujar, 2 mai 1831.

Paresse du voyageur qui jouit mieux de ce qu'il ne décrit pas. — Aranjuez, jardins plantés d'arbres du Nord. — Tout y est factice. — Manière d'arroser les peupliers. — L'étiquette de la

LETTRE XIX.

A MADAME PAULINE DUCHAMBGE.

Andujar, 2 mai 1831.

LETTRE XX.

A MISS BOWLES.

Cordoue, 3 mai 1831.

— Ensemble du monument. — Son effet. — Le chœur. — La chapelle mauresque. — Manuscrit original de l'Alcoran. — Ce que les Maures disent de nous à Tanger. — A quoi tient la civilisation. — Seconde espèce de poésie propre aux temps avancés. — Points de vue pris dans l'intérieur de la mosquée. — Effet pittoresque du monument. — Troupe de mendiants qui l'habitent. — Paysans de Valence venus pour faire la moisson. — Leur costume, leur piété. — Prière du soir. — Le peuple et les chanoines. — Ce que c'est que l'Espagne. — Embarras du voyageur qui veut être vrai avant tout. — Insuffisance de nos langues modernes. — Points de vue des protestants. — Pourquoi on écrit. — L'amour de la vérité fait les martyrs. — Croix gravée sur le marbre par l'ongle d'un prisonnier chrétien. — Extérieur de l'église. — Constitution du clergé espagnol. — Le jardin de l'évêché. — Température. — Effet de l'air sur les affections de l'âme. — L'imagination ne s'accorde guère avec la bonté. — Le poëte. — On a toujours peint en beau ce caractère parce que ce sont les poëtes qui peignent. — L'inquisition. — La police a remplacé le saint-office. — Précautions de l'auteur pour cacher ses lettres. — Aspect de Cordoue. — Le pavé des rues. — Danses nationales. — Permission de porter des armes dans la ville. — Idée que les Espagnols se font de la liberté. — Chapeau à l'espagnole. — Le chapelier chantant. — Le commerce entravé. — Douane dans l'intérieur du royaume.

LETTRE XXI.

A MISS BOWLES.

Cordoue, 4 mai 1831.

Précautions à prendre pour faire une course de trois lieues aux environs de Cordoue. — Magnificence et population de cette ville du temps des Maures. — Les ermites de Cordoue. — Les difficultés du voyage sont un attrait de plus pour les curieux. — Dans les contrées poétiques on ne manque que du nécessaire. — Le jeune cavalier andaloux. — Son cheval, son costume. — Les mendiants. — Aspect des rues. — Les murs arabes. — Où est la poésie en Espagne? — Elle n'est plus dans les livres. — Tour-

LETTRE XXII.

A MISS BOWLES.

Séville, 6 mai 1831.

LETTRE XXIII.

A MADAME LA COMTESSE DE MERCADO.

Séville, 7 mai 1831.

LETTRE XXIV.

A MONSIEUR LE VICOMTE DE CHATEAUBRIANT.

Séville, 8 mai 1831.

LETTRE XXV.

A MISS BOWLES.

Séville, 8 mai 1831.

LETTRE XXVI.

A MADAME DE VARNHAGEN D'ENSE.

Séville, 9 mai 1831.

rencontrer sur son chemin. — La sacristie-mayor. — Plusieurs peintres peu connus. — Deux saints évêques peints par Murillo. — Manière dont ils sont peints, rarement employée par l'artiste. — Salle du chapitre. — Tableau de l'ange gardien déposé dans une salle basse. — Analyse de ce chef-d'œuvre. — Expression poétique des deux figures. — Murillo : son talent particulier ; sans rival, même en Italie, quand il peint les enfants. — Il rend la métaphysique poétique. — Richesses enfouies dans Séville. — Le consul d'Angleterre.

LETTRE XXVII.

A MONSIEUR JULES JANIN.

Séville, 10 mai 1831.

Ce que c'est que la vie à Séville. — Manière d'habiter les maisons pendant l'été. — El patio (la cour) : imitation de l'atrium des anciens. — L'ennui impossible dans un pays où le repos est une jouissance. — Mariages par le balcon. — A quoi servent les grilles. — La *navaja*, couteau de poche des Espagnols. — Jose Maria, le brigand, traite avec le roi des Espagnes. — Ignorance de ce qui se passe en France. — Issue du procès des ministres ignorée du gouverneur de Séville. — Le combat de taureaux. — Les taureaux de Séville. — Fuite du cheval et du cavalier autour de l'arène. — Présence d'esprit de l'homme. — Mort d'un picadore. — Cet événement est rare. — Échappée de vue sur la ville à travers une brèche formée par l'ouragan dans l'amphithéâtre. — Coucher de soleil. — Scène vraiment espagnole. — Un homme compatriote des taureaux. — Ses transports frénétiques. — L'hôpital rempli dans la saison des combats. — Costume national remplacé par le frac européen. — Les combats de taureaux perpétuent les modes anciennes. — Les novillos. — Plaisir de la jeunesse de Séville. — Scènes burlesques à la fin du spectacle. — Soir d'été. — Art du torreador étudié par les jeunes gens de toutes les classes. — Un homme de vingt ans, libre, arrivant à Séville, y restera toujours s'il a de l'imagination. — Traductions en prose. — Dans la poésie, l'expression ne peut être séparée de l'idée. — Traduc-

LETTRE XXVIII.

A MADAME LA DUCHESSE D'ABRANTÈS.

Séville, 11 mai 1831.

LETTRE XXIX.

A MADAME GAY.

Séville, 11 mai 1831.

particulière aux peuples du midi de l'Europe. — Influence de la religion sur le ton de la société. — Le bon ton est dans la pensée plus que dans l'expression. — Véritable hospitalité. — Opinion de l'auteur sur les Espagnols. — Elle diffère de celle des autres voyageurs. — Diversité des mœurs dans les différentes provinces de l'Espagne. — La lutte entre les races étrangères et les indigènes dure toujours. — Contradictions apparentes de l'écrivain. — Ce sont des compliments faits à l'esprit du lecteur. — La politesse gênante n'existe pas dans les petits cercles des habitants de Séville. — Promenade à la *Christina*. — Toute la ville réunie dans ce lieu. — Les jours d'été moins longs que chez nous. — Manière de faire connaissance avec les dames andalouses. — La galanterie en public. — Elle a ses règles comme le combat de taureaux. — L'angelus. — Contraste des plaisirs mondains et des sentiments religieux. — Unique intérêt des femmes du monde à Séville. — La chaussure des Andalouses. — Histoire d'une dame de Cadix. — Les souliers trop petits. — Ce que lisent les dames espagnoles. — Avantage de l'ignorance. — L'amour gagne ce que perd la science. — Esprit naturel. — Grâce particulière aux jeunes Andalouses. — Manière de faire connaissance à la promenade. — Amour platonique. — Histoire d'un curé de campagne. — Le cicerone de Séville. — C'est un prêtre. — A quoi il s'emploie. — Étonnement d'un voyageur anglais. — Ce qu'on appelle chez nous la vie du grand monde n'existe pas ici. — Différence qu'il y a entre l'Espagne et l'Italie. — Fâcheuse influence des modes françaises. — L'Espagne en est à l'état de transition où se trouvait l'Europe il y a trois cents ans.

LETTRE XXX.

A MONSIEUR LOUIS BOULANGER.

Séville, 12 mai 1831.

Murillo. — Il égale Raphaël sans lui ressembler. — Sa manière de peindre. — Rapport qu'il y a entre l'artiste et le pays. — Orgueil national justifié par les talents qui s'élèvent au milieu des peuples. — Conditions sociales nécessaires à la production des chefs-d'œuvre de l'art. — Talent particulier de Murillo

LETTRE XXXI.

A MONSIEUR LE MARQUIS DE DREUX-BRÉZÉ.

Séville, 15 mai 1831.

par nécessité. — Ils craignent de passer pour arriérés en Europe. — Distance qu'il y a entre l'Espagne intérieure et l'Espagne maritime. — Fanfaronnade des Andaloux, coquetterie des Andalouses. — Influence de ce caractère sur les opinions politiques. — Richesse commerciale du pays. — Cadix foyer de révolutions. — L'Andalousie encore soumise au régime de la conquête depuis la défaite des Maures. — Post-scriptum ajouté à cette lettre sur l'ouvrage de M. de Tocqueville, intitulé : *De la Démocratie en Amérique.* — Réfutation de quelques passages extraits de l'introduction de ce livre.

LETTRE XXXII.

A MISS BOWLES.

Séville, 16 mai 1831.

Buste du roi Pierre-le-Cruel niché dans une muraille au coin d'une rue de Séville. — Anecdote qui a fait élever ce monument. — Plaisanterie du roi au magistrat. — La réplique en action. — Reliques de saint Ferdinand. — Les prêtres espagnols, comme autrefois ceux de l'Égypte, sont les archivistes de la nation. — Le peuple éclairé par la foi. — Son histoire est toute catholique. — Il la connaît mieux que les nations lettrées ne connaissent la leur. — Rapport qu'il y a entre les Espagnols et les Juifs.

LETTRE XXXIII.

A MONSIEUR DE VIMEUX.

Séville, 16 mai 1831.

Voyager en Espagne, c'est oublier le reste du monde. — La passion des voyages justifiée par les merveilles de Séville. — Préjugés rectifiés à chaque pas. — Fête populaire chez le consul d'Angleterre. — Élégance des simples ouvriers et ouvrières de Séville. — Ici c'est le peuple qui fait la mode. — Les majo et les maja sont copiés par les grands. — En Espagne, les plaisirs rapprochent les hommes de toutes les classes; dans les autres pays ils les séparent.— L'égalité pratique, à l'ordre du jour. — Habitudes républicaines dans l'armée et dans l'église. — L'aristocratie anglaise scandalisée. — Costume d'un *majo* de Séville. — Habillement des femmes. — Leur coiffure. — Romances espagnoles.— Caractère particulier de cette musique. — Son charme, ses défauts. — Usage que les Espagnols modernes font de leur idiôme : ils parlent pauvrement une langue riche. — Le son de voix des femmes rappelle l'Afrique plus que l'Europe. — Le brigandage inhérent aux mœurs des Arabes. — Trafic de la police, qui vend aux bandits la permission d'exercer leur industrie.—Vols domestiques plus rares qu'ailleurs. — La bonne foi espagnole révoltée par tout abus de confiance. — Pantomimes jouées par des ouvriers. — Talent des acteurs. — Comique espagnol. —Pruderie d'une demoiselle anglaise. — Conversation entre cette jeune personne et le voyageur. — Simplicité et décence naturelle des dames du pays. — Seguidilla dansée en groupes. — La bohémienne. — Sa taille, sa toilette, sa danse et le chant qui l'accompagne. — La lole. — Effet prodigieux de cette danse.— Prestige du talent de la bohémienne. — La femme changée en déesse. — L'Anglaise qui veut imiter l'Andalouse. — La copie fait sentir tout le mérite du modèle. — Le bolero châtié, plus indécent que la lole.— L'homme de la police présidant à la fête. — Retour du bal. — Émeute à la porte de l'auberge. — Galanterie d'un domestique français. — Jalousie espagnole. — Horreur des Andaloux pour l'ivrognerie. — Le mayoral reconnaissant. — Embarras de l'écrivain. —Bonheur du voyageur.

LETTRE XXXIV.

A MISS BOWLES.

Séville, 18 mai 1831.

Sculpture coloriée. — Montanès, grand artiste en ce genre. — Petites statues siciliennes et andalouses. — Cet art est particulièrement cultivé en Espagne et en Sicile. — Couvent des augustins. — Palais de Medina Cœli, bâti sur le plan de la maison

LETTRE XXXV.

A MONSIEUR EUGÈNE DE BRÉZA.

Écrit sur le bateau à vapeur qui va de Séville à San-Lucar, ce 2 mai 1831.

LETTRE XXXVI.

A MISS BOWLES.

Cadix, ce 26 mai 1831.

Traduction des strophes 65e et 66e de Childe-Harold. — Différence de Cadix tel que l'a vu lord Byron, et de Cadix tel que je le vois. — Colloque entre moi et le gardien de la porte. — Difficulté que j'éprouve à entrer dans la ville. — Commis accessible aux flatteries. — J'entre comme prisonnier sur parole. — Cadix foyer de révolution. — La liberté des Andaloux fondée sur la rancune qu'ils conservent de l'affranchissement des Amériques. — La valeur des termes en politique. — Ruine de Cadix. — Révolution commerciale : contre-coup et punition des révolutions politiques. — Ce qu'il y a de curieux à voir dans Cadix. — Assassinat de l'alcade de Tariffa. — Passage de la *Gazette de Séville* traduit. — Dangers du voyage que je vais entreprendre. — Récit de celui que j'ai fait de Séville à Cadix. — Arrivée pendant la nuit à San-Lucar. — Le moine bleu. — — Est-il moine ou brigand ? — Les calesseros. — Friponnerie d'un cocher. — Xerès. — La chartreuse. — Les paysans, voleurs dans l'occasion. — Aspect du pays. — Riant d'un côté, triste et désert de l'autre. — Effet de la solitude. — Impression particulière de la nature. — Champs parfumés. — Il y a des sites qui parlent à l'âme sans plaire aux yeux.

LETTRE XXXVII.

A MADAME LA COMTESSE MERLIN.

Cadix, ce 27 mai 1831.

Cadix est moins différent que tout le reste de l'Espagne des autres villes de l'Europe. — Commerce de l'or en sac. — Industrie des porteurs d'or. — Fortunes colossales acquises par les hommes qui font ce métier. — Visite du roi dans une des maisons les plus opulentes de cette ville. — La salle de l'or. — Ferdinand emprunte un sac d'or. — Il le rend. — Mot de ce prince pour

LETTRE XXXVIII.

A MISS BOWLES.

Cadix, ce 29 mai 1831.

LETTRE XXXIX.

A MADAME DE **.

Cadix, ce 30 mai 1831.

vernement de Ferdinand convient à la majorité. — Selon d'autres, le pays est miné par des sociétés secrètes. — Absence de patriotisme. — Mauvais sentiments chez ceux qui attaquent l'ordre de choses actuel et chez ceux qui le défendent. — Le dévouement jusqu'à la mort, dans quelque parti qu'on le trouve, doit donner confiance en l'avenir du pays.—Portrait du gouverneur de Cadix. —Intrigues des conjurés pour le séduire. — Sa faiblesse.—Sa résistance.—Sa mort. — Mot de M. le prince de Talleyrand.—Conséquences du meurtre du gouverneur de Cadix pour la ville et pour le pays — Commissions organisées par le gouvernement pour punir les conspirateurs. — Manière de raisonner des deux partis.—L'arrivée d'un courrier.—Manière dont le roi Ferdinand manifeste sa reconnaissance envers la veuve du gouverneur de Cadix. — Arrestations iniques et inutiles. — Histoire d'une vengeance conjugale étrangère à la politique.— Mœurs du clergé séculier. — Rivalité d'un jeune homme et d'un prêtre. — Vengeance du prêtre.—Bal donné pour la Saint-Ferdinand, — Moins gai que nos fêtes d'ouvriers à Séville.

LETTRE XL.

A MISS BOWLES.

Tarifa, ce 1er juin 1831.

Caractère particulier des paysages espagnols. — La solitude peut attrister, elle n'ennuie pas. — Vue du détroit de Gibraltar. — Côtes de la Barbarie. — Magie des noms. — Vaisseaux qui passent de l'Océan dans la Méditerranée. — Ressemblance présumée entre les sites de l'Espagne et ceux de l'Afrique. — Récit du voyage de Cadix à Tarifa. — Chiclana. — Accident au milieu d'une forêt. —Le mulet rétif.— La rencontre. — Le coupe-gorge, ou la venta de Vejer. — Les coupe-jarrets. — L'hôte et ses gens pendus comme brigands. — Ruse de nos muletiers pour protéger notre départ. — Souvenir du malheur arrivé à un Anglais il y a peu de semaines sur cette route. — On blâme le volé plus que les voleurs. — Ce que c'est que les rateros. — Mort de l'assistente de Tarifa surpris par des brigands. — Ce

L'inspiration ne suffit qu'au bonheur de l'artiste, elle ne suffit pas à son talent.— L'émotion sert le voyageur plus que le poëte, parce que le voyage n'est pas de l'art et que c'est de la vie. — Nouvel effort du voyageur pour peindre ce qu'il voit. — Le roc de Gibraltar fait plus d'effet à l'heure où il reste dans l'ombre. — A quoi on peut le comparer. — Bonheur de voyager. — En quoi le monde ressemble aux autres souverains.

LETTRE XLII.

A ***.

Gibraltar, 2 juin, à 2 heures après midi.

Algesiras.— Contraste des campagnes et des villes de l'Andalousie. — Le proscrit de Vejer. — Danger qu'il court et qu'il me fait courir. — La réflexion nuit à la générosité. — Gibraltar. — Police anglaise. — La manière de vivre des habitants de Londres imposée à ceux de Gibraltar.— Nourriture, ameublement, usages, tout est anglais. — Difficulté qu'éprouve un étranger pour entrer à Gibraltar. — Traitement que les soldats anglais et écossais font subir aux indigènes.— L'aspect des rues n'a plus rien de méridional. — Immensité du roc. — Voitures anglaises pour se promener autour de Calpe. — Bizarres contrastes entre les effets de la nature et les habitudes sociales.— Jardin anglais planté sur les flancs du rocher. — Une forteresse moderne gâte les plus beaux sites. — Fraîcheur et parfum des nouveaux bosquets plantés par le gouverneur anglais. — Ces travaux sont une des merveilles de l'Andalousie. — Détails sur la fièvre jaune. — Récit d'une dame anglaise. — Ses nuits pendant l'épidémie. — Silence et solitude de la ville. — Campement dans le désert. — Gibraltar abandonné. — La sentinelle de nuit. — La faction changée de lieu ; pourquoi. — Caractère du fléau. — Anecdote péruvienne.

LETTRE XLIII.

A MADAME LA COMTESSE O'DONNELL.

Gibraltar, ce dimanche 5 juin 1831.

LETTRE XLIV.

A MONSIEUR HENRY HEINE.

Tanger, ce 11 juin 1831.

Le paquebot porteur des dépêches de Gibraltar à Tanger. — Les vagues dans le détroit. — Départ. — Vent contraire. — Marée contraire. — Description du phénomène de la Fata Morgana, dont le voyageur est témoin. — Villages, palais, forêts fantastiques et renversés de sorte qu'on les voit doubles. — Calme de l'eau. — Température brûlante de l'air quand le vent ne souffle pas. — Beauté des sites de la baie d'Algesiras. — Partout des illusions d'optique. — Difficulté de la navigation au sortir de la baie. — Cinq heures pour faire deux lieues. — Le danger n'existait réellement pas; mais si l'auteur le voulait, il existerait dans son récit. — Force que la distance prête aux paroles. — Souvenir de Normandie. — Honfleur. — Le courage qu'il faut dans les voyages lointains a peu de mérite. — Nous jetons l'ancre vers la fin du jour sous les côtes d'Espagne. — Rencontre singulière. — L'émissaire de la propagande révolutionnaire. — C'est un Anglais. — Type des perturbateurs des sociétés modernes — Son histoire. — Il est franc-maçon. — Explication naturelle de plusieurs miracles politiques. — Ressorts secrets des révolutions, qui changent la décoration du monde. — Pourquoi les peuples paraissent inspirés comme les rois l'étaient au commencement des sociétés. — Superstition politique. — Pourquoi l'auteur adresse cette lettre à M. Heine. — Sincérité de la presse française. — Chaque parti ment et se trompe lui-même. — Égoïsme partout, dans la prudence comme dans la témérité. — Ni conservateurs ni novateurs ne triompheront par la vertu, mais ils vaincront par la force. — La monarchie est un gouvernement plus naturel et plus clair que la république. — L'autorité paternelle sera éternellement le type des gouvernements. — Dans la république, c'est la liberté qui est la fiction. — Conversation avec l'émissaire libéral. — Son but. — Son récit. — Il vient des Grandes-Indes pour délivrer les Espagnols et faire fortune à force d'héroïsme. — Tarif du dévouement.

duit la diversité. — Elle ne peut naître que de l'exercice scrupuleux des devoirs de chacun envers tous. — C'est la conscience de la société. — Costume des Maures. — Le peuple arabe. — Difficultés du débarquement sur la terre de Maroc. — Attente prolongée en rade de Tanger par un gros temps. — Aspect du pays, de la plage et de la ville. — L'Afrique avec sa stérilité et tout ce qu'elle contient d'hommes malheureux, attriste la pensée comme les regards. — Perplexité de l'auteur à la vue d'une race d'hommes si différente de la nôtre. — D'où sortent les nègres? — Que devient notre foi devant ce problème? — S'il n'est immortel, l'homme est trahi, et Dieu est vaincu par la nature. — Aspect misérable des pêcheurs arabes. — Comparaison de la condition humaine en Afrique, et de la misère de quelques-uns des habitants de nos côtes. — Cavaliers armés galopant sur la plage. — La guerre est la vie des états mahométans. — Arrivée du consul de France. — Notre entrée à Tanger. — Capitaine du port : sa figure, ses manières. — Dignité apparente des Musulmans. — L'exaction est le système financier et administratif du pays. — Ce qu'il en résulte pour l'Empereur lui-même. — Apparence des habitations mauresques. — Uniformité de la vie qu'on mène à Tanger. — Elle fait oublier autre chose. — Chez les catholiques le cloître est une exception: chez les Arabes, l'exception devient la règle. — Mahomet a copié le Christ, tout en maudissant les chrétiens. — Les modèles injuriés par les imitateurs. — Auberge de Tanger. — Elle vaut mieux que les hôtelleries d'Espagne. — La source de la civilisation espagnole se retrouve chez les Maures. — Musique, architecture, habitudes de vie, manière d'exprimer sa pensée : tout chez le peuple arabe rappelle l'Andalousie. — Ce que sont les Juifs chez les Maures. — Définition du caractère de ce peuple. — Leurs mœurs, leur situation, leur emploi à Tanger. — Usage qu'ils font de la vertu de leurs femmes. — Description d'une noce juive à laquelle l'auteur assiste. — Disposition de la salle. — Costume de la mariée. — Ses joyaux. — Musique et danse nationale. — Rapports qu'il y a entre ces divertissements et les danses espagnoles. — Danse sur place. — Plus ridicule qu'indécente. — Origine des combats de taureaux. — Qu'est-ce que les Espagnols doivent aux Maures, qu'est-ce que les Maures doivent aux Espagnols, questions assez oiseuses

LETTRE XLVI.

A MADAME RÉCAMIER.

Tanger, 15 juin 1831.

— Trois Empereurs en ce moment dans l'empire de Maroc. — Tranquillité de Tanger au milieu de cette confusion politique. — Caractère de la campagne aux environs. — Comparaison de cette solitude africaine avec les côtes des pays populeux de l'Europe. — Quelle est la différence de l'homme esclave au citoyen libre. — Compensations aux malheurs des nations. — Egalité réelle sous l'apparence d'une inégalité choquante. — La liberté use les peuples. — Ceux de la côte de Barbarie ont été rajeunis par l'esclavage. — Ils aspirent à profiter de l'affranchissement que leur apportent les Français. — Effet de la conquête d'Alger. — Le nom français en Afrique. — Satisfaction d'amour propre. — Gloire littéraire de la France. — Complainte de Chactas et d'Atala, chantée par tous les marins du détroit de Gibraltar. — Ce que dut éprouver le chantre des Martyrs lorsqu'il passa ignoré par ce pays à son retour d'Orient. — L'air espagnol noté. — Paroles espagnoles. — Traduction littérale de la complainte.

LETTRE XLVII.

A MONSIEUR BOUTEILAUD.

Tanger, ce 16 juin 1831.

La plus belle vue de Tanger. — Château fort au haut de la ville. Vaisseaux européens qui louvoyent dans le détroit. — Ce que pense l'Arabe à cheval qui les voit passer. — Promenade autour des murs. — Conversations par interprète avec des Arabes de l'intérieur venus au marché. — Le voyageur dessine leur portrait et le leur donne. — Pourquoi ces hommes manquent-ils à leur loi ? — Tout est exception dans le monde. — Les trois Santon, saints mahométans. — Leurs austérités. — Que prouvent-elles ? — Révolution politique. — Scène dramatique entre l'empereur et son neveu. — Le pouvoir arbitraire s'abdique plus aisément que le pouvoir constitutionnel, parce qu'il est moins contesté. — L'esprit de contradiction explique la plupart des choses de ce monde. — Présentation au pacha. — J'y renonce. — J'assiste par hasard à celle du consul de Danemark.

LETTRE XLVIII.

A MISS BOWLES.

Saint-Roch, ce 17 juin 1831.

LETTRE XLIX.

A MISS BOWLES.

Saint-Roch, ce 18 juin 1831.

LETTRE L.

A MISS BOWLES.

Ronda, ce 20 juin 1831.

d'Algesiras. — Nos précautions pour entreprendre le voyage de Ronda. — La protection que nous accorde le fils de cet homme et de leurs amis. — Départ de Saint-Roch. — Le domestique espagnol. — Défense de porter des armes.—Cette mesure ne nuit qu'aux honnêtes gens; les brigands n'ont que faire de permission. — Description des sites des environs de Saint-Roch. — Rosée du matin. — Vue de la baie d'Algesiras. — Adieu au rocher de Calpe. — Forêt de lièges. — Monastère des moines de la Merci. — Il apparaît de loin dans un des ravins de la forêt. — Solitude de cette abbaye. — Pensées que son aspect inspire au voyageur. — Illusions pieuses. — Elles n'auraient peut-être pas résisté à un examen sévère. — Ce monastère est le but ordinaire de la promenade des officiers anglais. — Description du pays qu'on traverse au delà de cette forêt. — Solitude sans beauté. — Ce que nous avons trouvé à la venta, où nous fûmes forcés de faire halte. — Misère des habitants; leur méchanceté, leurs maladies. — Leurs *collaborateurs* présentés sous le titre d'ouvriers.—Un de nos gens malade. — Soins qu'exige son état.—Entrée de deux ouvriers qui nous semblent suspects.—Leur portrait. — Nos doutes sur le parti que nous avons à prendre. — Nous nous remettons en route. — Souvenir de la Calabre.— Brusque changement d'aspect à la venta de Caraca. — Montagne de Gaucin. — Sa nature fantastique. — Rencontre intéressante et romantique. — Cortége qui rappelle don Quixotte. — Costume des personnages du convoi. — Ânes caparaçonnés.— Description de Gaucin.—Danses et chants.—Auberge.— Départ matinal. — Chemin de Ronda. — Villages suspendus aux parois des rochers. — Le chemin passe à une portée de fusil au-dessus des villes. — L'œil du voyageur plonge dans les rues des lieux qu'il ne traverse point.—Querelle entre les muletiers et les habitants.—Les chevaux andaloux sont plus civilisés que les hommes. — Éventails des muletiers. — Politesse cérémonieuse des Espagnols. — Première vue de Ronda. — L'entaille (el taxo).—Pont singulier. — Prodigieux accident de la nature. — Précipice de 300 pieds et cascade de 80 au milieu de la ville. — Vue de la campagne. — Tivoli de l'Andalousie. — Encore le pont de Ronda. — Course du taureau par la ville. — Arrivée dans l'hôtellerie. — Scène de désordre. — Toujours Cervantes.—Promenade du soir. — Les enfants jouent au taureau. — La ville

LETTRE LI.

A MISS BOWLES.

Malaga, ce 23 juin 1831.

ceux-ci pour l'indigène. — Visite dans la chambre du maître de l'auberge. — Ma présence et ma curiosité lui déplaisent singulièrement. — Avant le point du jour nous quittons furtivement cette maison suspecte. — Retard au milieu d'un défilé dangereux. — Accident qui nous arrête. — Le saignement de nez prolongé. — Paysans voleurs. — Bivouac de ces ouvriers brigands. — Une crainte fait oublier l'autre. — Réflexions philosophiques sur ce phénomène moral. — Le Puerto. — Descente vers Casarabonela. — Sûreté des chevaux andaloux. — Description de la montagne enchantée. — Manière d'arroser les rochers et de distribuer l'eau. — Science héritée des Maures. Toute une contrée qui ressemble à une fontaine en rocaille. — Aspect fantastique du pays. — Pyramide de verdure. — Énormes gradins naturels. — Végétation. — Le travail de l'homme visible à travers les productions de la nature. — Caractère de l'architecture imprimé aux montagnes. — Résignation des Espagnols. — L'eau et le feu sont les principaux liens des hommes de ces contrées. — Instinct des guides pour découvrir l'eau. — La marchande d'eau dans un désert. — Venta de Carmona. — D'autres disent Cartama. — Description de cette venta. — On y manque de tout absolument. — Réponses négatives de la servante. — La Bohémienne malade. — Son portrait. — Son langage. — Sa maladie. — L'hôte caché. — Soupçons des muletiers. — Le calessino de l'hôte. — On me le refuse. — Nouveau saignement de nez. — La Bohémienne nous poursuit. — Les imprécations. — Entrée de Malaga. — Description des rues de cette ville poétique. — Une dame avec son cortége. — Peuple qui vit d'amour. — Deux races d'hommes diverses. — Mérite du cheval andaloux. — Son adresse dans les précipices. — Le cheval plus sûr que l'homme. — Impossibilité d'amener de ces chevaux en France.

LETTRE LII.

A MISS BOWLES.

Malaga, ce 25 juin 1831.

Air d'élégance de la ville de Malaga. — Il n'y a plus de société depuis la révolution de 1823. — C'est de la mauvaise humeur, ce

LETTRE LIII.

A MISS BOWLES.

Loxa, ce 27 juin 1831.

Changement d'aspect. — Végétation de la Vega. — Pressentiment des beautés de Grenade. — Description de Loxa. — Voyage d'un Espagnol en 1774. — Il ne parle que des antiquités romaines. — Petit rocher couvert d'habitations qui s'élève au milieu même de la ville de Loxa. — Superbe cascade du Xenil, dont personne n'a parlé. — L'auberge de Loxa. — Elle est tenue par un horloger. — Impatience du voyageur arrêté pour la nuit à huit lieues de Grenade.

LETTRE LIV.

A MONSIEUR LE COMTE DE SABRAN.

Grenade 16 juillet 1831.

Maladie grave éprouvée par le voyageur. — Nature du mal. — Le médecin espagnol. — Son portrait. — Encore les souvenirs du siècle de Louis XIV. — Conduite de ce docteur envers une dame anglaise logée dans le palais de l'Alhambra. — Apathie espagnole. — Ce que c'est que la convalescence d'une grande maladie sous ce climat. — État pire que la fièvre. — Tourment du voyageur condamné par ce mal à passer dix-neuf jours au pied de l'Alhambra sans pouvoir y monter. — Ce qui a décidé la maladie. — Entrée à Grenade. — Surprise. — Fausse idée qu'on se fait de la solitude de Grenade. — Cette ville ressemble à une autre. — La comédie, l'Alameda, la foule. — Souffrances du voyageur pendant les jours où sa vie est en danger. — Son lit, sa chambre, son auberge. — État moral du malade. — Son régime. — Difficulté qu'il éprouve à se nourrir sainement. — Indifférence pour les grandes choses, importance des petites. — Bruit et danses dans la maison. — Le ménage espagnol est plus pittoresque que commode. — Les officiers anglais arrivés de Gibraltar. — Leur pronostic sur la maladie. — C'est surtout quand on est déclaré guéri qu'on souffre. — Suite de la lettre cinquante-quatrième. — Promenade dans Grenade. — Le Xenil et le Darro deux torrents qui traversent la ville. — Promenade appelée le Salon. — Récit de la dernière journée de route avant d'arriver à Grenade. — Départ de Loxa.

un tableau.—Mot du dernier ambassadeur des Maures auprès du roi d'Espagne Charles III.—Prière des Arabes de la côte.—Porte du Jugement.—La main et la clef.—Sens de ce hiéroglyphe.—Idée que les Maures attachaient à ces signes.—Les murailles leur servaient de livres comme aux Égyptiens.—La clef est en vénération chez les Maures comme la croix chez les chrétiens.—Étymologie du nom de Gibraltar.—Coutume de l'Asie où l'on rend la justice à la porte des villes.—Diverses significations du signe de la main.—L'horoscope.—Préservatif contre *le mauvais œil*.—Symbole de la foi musulmane.—Cour des citernes.—Palais de Charles-Quint.—Sa forme, style de son architecture.—Ruse de l'empereur pour extorquer aux Sarrasins l'argent nécessaire à la construction de ce palais.—Exagération des voyageurs.—Mensonges volontaires et involontaires des faiseurs de descriptions et des peintres.—Ce que l'auteur croit la vérité.—L'Alhambra n'est que joli.—Mal que cause aux voyageurs la fausse admiration de leurs prédécesseurs.—De l'esprit sans génie : voilà ce que l'auteur trouve dans l'architecture mauresque.—Supériorité de l'art chez les Grecs et chez les chrétiens.—L'architecture arabe est une cristallisation.—Discordance du dedans et du dehors.—L'esprit du sérail se reconnaît dans le génie qui a présidé à la construction de ces monuments.—On comprend que le croissant ait fini par tomber devant la croix.—Comparaison des divers monuments d'architecture chez les principaux peuples de la terre.—Les monuments grecs ornaient le monde.—Les architectes arabes enjolivent des alcoves.—Population de Grenade sous les Maures.—Cour des bains.—Les portiques.—Tour de Comarès.—Inscription.—Salle des ambassadeurs.—Vues qu'on a des ouvertures de cette salle.—L'amour, nécessaire au voyageur qui veut bien voir ce lieu.—Compensations accordées à chaque âge.—Ce n'est pas Dieu qui est visible dans ce séjour, c'est le peuple des génies.—Appartements de la reine et du roi.—Toccador.—Salles ornées par des écoliers de Michel-Ange.—Contradiction entre le grand style italien et le goût efféminé des Maures.—La cour des Lions.—Son mérite.—Ses dimensions.—Désappointement.—Corps avancé.—Architecture de confiseur.—Les lions de la fontaine.—Souvenirs des Abencerrages.—Comment les Français ont gâté cette cour.—L'architecture mauresque est de la végé-

LETTRE LVI.

A MONSIEUR JULES JANIN.

Grenade, 23 juillet 1831.

roi. La coupable est condamnée à être pendue.— Elle refuse de nommer ses complices pour avoir sa grâce.—Solitude de la ville sur son passage.—Elle monte sur l'échafaud avec un courage inébranlable.—Mauvaise politique de Calomarde.—Draps noirs suspendus aux fenêtres des maisons le jour de la fête du roi.—Effet moral de cette exécution.—Changement dans les mœurs.—Parallèle entre la jalousie et l'avarice.—Conversation avec le médecin de Grenade.—La prudence du docteur.—Elle cède à la colère en voyant les honneurs militaires rendus au père général des franciscains.—Prédiction du docteur.—Vanité révolutionnaire des Espagnols.—Le cortége du père Cyrile.—Opinion de la classe moyenne.—Cette classe est plus arriérée en Espagne qu'ailleurs.—Elle adopte la politique moderne, mais en philosophie elle s'est arrêtée à Voltaire.—Ce qui peut résulter de cette contradiction.—Résumé de l'opinion de plusieurs voyageurs.—Ce que pensait Wellington de la valeur des Espagnols.—Ils sont braves comme partisans.—Le brigandage nuit au vrai courage.—Ses conséquences sont incalculables.—Il finit par prendre rang parmi les industries légitimes.—Les magistrats coupables des crimes du peuple.—Mauvaises lois.—Effets de tant de corruptions.—Inquiétudes des ordres religieux.—Symptômes précurseurs d'un bouleversement social.—Chartreuse de Grenade.—Description du site de ce monastère.—Crépuscule du soir.—Impression poétique qu'il produit.—Pourquoi je voyage.—La convalescence rend sensible aux beautés de la nature.—Histoire d'un prisonnier d'état renfermé à l'Alhambra.—Justice du roi.—La lettre de cachet et la consultation de médecin.—Corruption des mœurs en Espagne.—Pourquoi le langage de tous est en général décent.—L'intérêt de chacun est de se taire.—Sévérité des lois : inutile.—Les réputations des nations sont aussi fausses que celles des personnes.— Droits d'entrée sur les denrées à Madrid.—Les moines sont exempts de cette charge.—Usage qu'ils font du privilége.—Le clergé peu respecté des auteurs dramatiques.—On se moque des choses saintes sur la scène.—Influence des idées françaises sur l'Espagne.—Ces idées ne sont adoptées que par peu d'hommes, mais elles préparent des changements importants.—Comparaison entre l'état matériel de la France et celui de l'Espagne.—Les libéraux espagnols nous offrent comme des modèles à

brigands.—Nouveau trait d'audace.—José Maria revendique le monopole du vol.—Récit du curé.—Robert Macaire espagnol. —Nous voyageons au pas.—Place du Triomphe, nommée par les Français.—La foi prouve la puissance de l'âme, comme le doute dénote l'activité de l'esprit.—Adieu à Grenade.—Affaiblissement du voyageur, il est près de s'évanouir.—Rien ne s'explique, et ce qu'on sent moins que tout le reste.—Poëtes nés pour l'obscurité.—Dieu est leur seul juge.—Sottise des hommes qui ne font rien.—Leurs illusions sur eux-mêmes.—La route neuve.—Promesses de l'industrie.—Elles sont menteuses.—Aspect de la Vega le soir.—Souvenirs historiques.—Mort de la mère de Boabdil.—Description du crépuscule du soir.—Accidents de nuages.—Poussière dorée.—Féerie, mythologie.—Différence des impressions de la nature dans le Nord et dans le Midi.—Double chaîne de montagnes.—Silence des campagnes.—la nuit la Vega ressemble à un lac.—Souvenirs de l'Italie.—Végétation de la Vega.—Ses parfums, uniques dans le monde.—Chèvres andalouses.—Elles sont d'une race particulière.—Leur aspect singulier.—Difficulté de définir le caractère espagnol.—Il est contraire au gouvernement représentatif.—Les Espagnols sont les meilleurs piétons de l'Europe. —Nos quatre hommes d'escorte nous accompagnent à pied toute la nuit.—El Campillo : village dans la montagne.—Le propriétaire campagnard.—La réception qu'il nous fait.—Le repos impossible dans ce gîte.—Saleté des chambres.—Conversation avec le maître de la maison.—Éducation élémentaire en Espagne.—Rechute du brigand converti a Polinario.—Convoi de brigands transférés à Grenade.—Pronostic de notre hôte.—Nous partons le soir même pour Jaën.—Description de la route. Éclat du clair de lune.—A une lieue et demie de Jaën la route neuve finit.—Difficulté du chemin.—La porte de la ville fermée.—Dangers des rencontres de brigands sous les murs.—On nous ouvre la porte à deux heures du matin.—La posada de Jaën.—Chaleur étouffante.—Le voyageur craint une rechute de son mal.—Caractères des sites.—L'été dévaste le pays.—Désert de cendre.—Description de la ville de Jaën.—La cathédrale n'a rien de remarquable.—Le gouverneur militaire.—Impossibilité d'obtenir une escorte de troupes régulières.—Il m'adresse au commandant de la milice.—On m'accorde une

LETTRE LIX ET DERNIÈRE.

A MADAME LA PRINCESSE DE VAUDEMONT.

Bayonne, ce 12 août 1831.

FIN DE LA TABLE DES LETTRES.

TABLE DES MATIÈRES

DU QUATRIÈME VOLUME.

FIN DE LA TABLE DU QUATRIÈME ET DERNIER VOLUME.

www.ingramcontent.com/pod-product-compliance
Ingram Content Group UK Ltd.
Pitfield, Milton Keynes, MK11 3LW, UK
UKHW012008240726
13965UKWH00001B/221